정치 크리에이터 ─── 김성회의
오죽하면 소리 오죽하면 정치

정치 크리에이터 — 김성회의

옳은 소리 옳은 정치

유튜브 시대의 정치와
윤석열 정부 대해부

김성회 지음

비타베아타

들어가며

정치인은 왜 선거를 앞두고 책을 쓸까요? 자기 생각을 정리해서 유권자들에게 알리는 수단으로도 중요하고, 출판기념회를 개최해 지역 유권자들과의 접점을 늘리는 데도 활용할 수 있기 때문입니다. 본격적으로 정치를 시작하면서 어떤 책을 써야 할지 많이 고민했습니다. 고맙게도 메디치미디어의 김현종 대표님이 "보고 듣고 느낀 것들을 콩트 작가처럼 써 보자."라며 먼저 책을 내자고 제안해 주셨습니다.

하나 마나 한 이야기가 아니라 많은 시민이 관심을 갖고 찾아볼 만한 주제에 관해 이야기하고 싶었습니다. 어렵지 않게 쓰고 싶었습니다. 제가 하고 있는 유튜브와 정치에 관해 이야기해 보자고 생각했습니다.

변화하는 세상에서 정치인이 달라져야 할 첫 번째는 소통의 방식입니다. 과거처럼 시민을 계몽하듯이 일방적으로 자기가 하고 싶은 말을 늘어놓는 정치인을 누가 쳐다보겠습니까? 변화된 SNS 환경 속에서 유튜브가 그러하듯이 시민들이 듣고 싶은 이야기, 궁금해하는 이야기를 하겠다고 마음먹었습니다. 유튜브, 페이스북 등 SNS를 통해 구독자들의 질문을 받았습니다. 무릎을 탁 치게 하는 좋은 질문이 많았습니다. 국회에서 오래 생활하면서 관성적으로 지나쳤던 부분을 돌아보는 계기가 됐습니다.

주변에도 무엇이 궁금한지 물어봤습니다. 어떻게 20만 구독자를 확보했는지 많은 정치인과 예비 정치인이 궁금해했습니다. 윤석열이라는 사람은 왜 저렇게 움직이는지에 관한 질문도 많았습니다. 이 책에는 구독자들과 주변 분들이 보내 준 질문에 더해 제가 말씀드리고 싶었던 정치 혁신 이야기에 대한 나름의 답을 담았습니다.

책의 1부는 "정치인 김성회는 왜 유튜브를 하느냐?"라는 질문에 대한 답변입니다. 이제 유튜브는 단지 정보 전달의 통로가 아니라 정치 참여의 장입니다. 정치인은 유튜브를 통해 유권자와 소통해야 합니다. 유튜브가 등장하며 바꿔 놓은 언론 지형도 살펴봤습니다. 정치인 김성회의 유튜브 고군분투기이기도 합니다. 비단 구독자들뿐만 아니라, 국민의 지지를 받아 집권하고자 하는 더불어민주당에 하고 싶은 이야기를 담았습니다. 정치인과 더불어민주당이 정치 콘텐츠의 적극적인 공급자가 돼야 한다고 생각합니다. 더불어민주당 구성원들이 많이 읽어 주셨으면 합니다.

2부는 가깝지만 먼 섬나라 여의도에서 누가, 왜, 어떻게 일하고 있는지에 대한 제 답입니다. 모두가 정치를 이야기하지만, 실제 정치, 특히 국회가 어떻게 돌아가는지에 대해 잘 알지 못합니다. 막연하게 추측만 할 뿐입니다. 정치를 움직이는 엔진 격인 국회가 현실에서 작동하는 방식을 말씀드리고자 했습니다. 1992년 대학 시절 총선 자원봉사자로 시작해서 30년간 보고 듣고 느꼈던 정치 경험을 통해 정치에 입문하는 통로와 방법, 정치인들이 사는 방식에 관해 이야기하려 했습니다.

3부는 윤석열 대통령의 사고 구조에 대한 제 나름의 분석을 담았습니다. 독재와 군사정권을 지나 민주적 정권교체를 거쳐온 대한민국 정치는 대체로 국민이 예측할 수 있는 범위 내에서 돌아갔습니다. 크고 작은 문제들이 있었지만, 일반 대중의 상식선에서 정치가 이뤄진다는 공감대 또한 있었습니다.

그러나 윤석열 정부가 출범한 후 많은 국민이 어리둥절해합니다. 뭔가 크게 잘못 돌아가고 있다고 느낍니다. 상식적인 국민이 상식적으로 바라는 대통령의 모습이 사라졌습니다. 국가 운영 비전을 세우고 여러 부처 및 국회와 소통하며 더 나은 나라를 만들어야 할 리더로서의 대통령이 없어졌습니다. 대신에 윤석열 대통령의 정적 사냥만이 뉴스를 채우고 있습니다. 검찰, 감사원, 국세청이라는 활과 화살을 챙겨 정치를 사정 정국으로 내몰고 있습니다. 본연의 역할은 잊은 채 조선 시대 폭군처럼 사냥에만 몰두하는 윤석열 대통령을 국민이 어떻게 이해해야 할지에 관한 제 생각을 담았습니다.

아울러 윤 대통령을 둘러싼 사람들, 즉 인적 자원이 제한적인 원인이 무엇인지도 살펴봤습니다. 9수 끝에 검사가 된 윤석열 대통령은 또래 집단과의 사회화에 성공하지 못한 것으로 보입니다. 대신에 본인이 대장 놀이를 할 수 있는 검찰 하부조직과만 소통하며 일방적인 리더십을 키웠습니다. 배우자와 소수의 측근, 허황되지만 매력 있는 뉴라이트의 속삭임에 넘어간 이유가 있다고 봅니다.

4부는 김성회는 어떤 정치를 하고자 하느냐는 질문에 대한 답입니다. 아울러 30년간 정치 현장을 누볐고 이제 선출직 공무원에 도전하는 정치인 김성회가 생각하는 우리 정치의 개혁 방향에 관해 말씀드리는 장입니다. 수많은 사람이 개혁을 외치며 정치에 도전하고 있습니다. 정당도 항상 정치 혁신을 말하지만, 곁가지만 건드린다는 인상을 지울 수 없습니다. 진정 무엇이 바뀌어야 국회가 국민과 소통하는 정치인으로 채워질지에 관한 제 생각을 정리해 봤습니다. 굳이 책의 마지막 장에서 정치 개혁에 관해 이야기한 이유는 제가 국회의원이 된다면 사다리를 걷어차지 않고 정치 혁신을 통해 계속 새롭게 변화하는 더불어민주당을 만들겠다는 의지를 담고 싶었기 때문입니다.

유튜버답게 질문에 대해 책으로만 답하지 않고 방송으로 풀어 봐야겠다는 생각이 들었습니다. 취합한 질문을 유형별로 나눠 챕터를 정리하고 구독자들과 소통하며 8회에 걸쳐 라이브 공개방송을 진행했습니다. 시청자들께서 정치 이면에 담긴 에피소드를 재밌게 봐 주셨고, 유튜브가 단순히 정보 전달 통로가 아니라 정치의 매개체라는 점에 많이 공감해 주셨습니다.

공개방송에 참여해 주신 분들과 라이브 방송을 시청해 주신 구독자들의 반응 덕에 책의 내용이 더 풍성해질 수 있었습니다. 매주 월요일 저녁마다 스튜디오 자리를 채워 준 '성회옳소' 팬카페 회원들과 바쁘신 와중에도 먼 걸음을 해 주신 구독자들께도

감사 인사를 전합니다. 기획부터 내용 채우는 일까지 모두 함께 해 준 팀 김성회의 동지들에게도 존경의 마음을 보냅니다. 난삽했을 방송을 하나의 흐름으로 꿰어 준 팀의 샛별 김민준 연구원에게 특별히 감사를 표합니다.

2023년 12월

김성회

추천의 글

〈김성회의 옳은소리〉는 제가 즐겨 보는 유튜브 콘텐츠입니다. 정치와 시사에 관한 객관적인 정보를 제공하면서 날카로운 시각으로 본질을 파악해 보는 이의 갈증을 풀어 줍니다. 4년이라는 시간 동안 매일 아침 콘텐츠를 제작해 온 김성회 소장의 성실함을 높게 평가합니다. 말을 들어 보면 어떤 사람인지 알 수 있습니다. 인기를 끌기 위해 다소 거칠게 말하고 진영논리를 대변할 법도 한데, 정확한 사실관계를 바탕으로 중심을 잃지 않는 균형감도 훌륭합니다.

김성회 소장과는 인연이 있습니다. 김성회 소장이 2018년 민주당 전당대회 때 제 캠프에서 온라인 대응과 메시지를 담당해 줬습니다. 빠른 SNS 대응과 센스 있는 메시지를 기억하고 있습니다. 정치인으로서 아주 중요한 덕목을 갖춘 사람입니다.

이 책에서 김성회 소장은 빠르게 변하는 세상에서 정치가 어떻게 소통해야 하는지를 강조합니다. 그리고 대한민국 정치가 어떻게 변화해야 하는지를 이야기합니다. 정치를 시작하는 사람은 대개 '무엇을 하겠다.'를 강조하는데, 김성회 소장은 국민의 목소리를 어떻게 잘 들을지를 먼저 이야기합니다. 변화한 시대에 정치인이 어떻게 소통하고 대처해야 할지에 대한 고민을 느낄 수 있습니다.

국회의원 세 명의 보좌관으로 일했던 경험과 그간 시사방송 패널, 유튜브 방송으로 축적된 현실감각, 노하우를 보는 재미가 있습니다. 국민께 우리 정치의 가치와 비전을 제시하고 지역에서 시민의 목소리를 듣는 정치도 균형감 있게 잘하겠다는 포부를 응원합니다.

김대중, 노무현 두 분의 대통령, 그리고 함께해 주신 깨어 있는 시민 덕분에 대한민국의 민주주의는 쉽게 무너지지 않는 수준이 됐습니다. 그리고 문재인 정부는 대한민국을 평화로운 한반도와 선진국의 입구에 데려다 놓았습니다. 국민이 일궈 놓은 평화와 민주주의를 퇴행시키려 하는 윤석열 정부에 맞서 김성회의 《옳은 소리 옳은 정치》가 제 역할을 하기를 기대합니다.

새로운 소통, 새로운 정치를 향한 김성회 소장의 앞날을 응원합니다. 감사합니다.

이해찬 (제36대 국무총리, 전 더불어민주당 대표)

'한국 현대사 최악의 빌런' 전두환이 일으킨 군사 반란, 이른바 12·12 사태의 전말을 다룬 영화 〈서울의 봄〉이 인기 절정이다. 이 영화에 주요 인물로 등장하지는 않지만, 1979년 12·12 사태와 1980년 5월 17일 비상계엄 전국 확대 결정 과정에서 선연한 자취를 남긴 한 군인의 이름을 떠올려 본다. 안종훈 장군(1926~2002)이다.

12·12 당시 안종훈 장군은 육군 군수참모부장으로 육군본부에 있었다. 뭇 장군들이 장태완 수경사령관의 쿠데타 진압 호소에 손사래를 치며 우왕좌왕할 때, 안종훈 장군은 강력하게 쿠데타 진압을 주장했다.

"군인의 사명에 따라야 하는 고급 장성들이 우리만 살겠다고 손을 들자는 거요?"

이후로도 허수아비가 된 최규하 대통령을 밀어내고 전두환 스스로 권좌에 앉는 시나리오는 착착 전개됐다. 클라이맥스는 1980년 5월 17일 비상계엄 전국 확대였다. 이를 '결의'했던 전군지휘관회의 분위기는 미루어 짐작이 간다.

하지만 이 '짜고 치는 고스톱' 분위기에 찬물을 끼얹는 사람이 있었다. 군수사령관으로 자리를 옮긴 안종훈 중장이었다.

"군이 직접 개입한다는 것은 중요한 결과가 된다. 그리고 마지막이다. 3천7백만 명 모두 똑같이 생각할 수는 없다. 전체 여론이 그렇게 하기를 원할 때 국민 합의에 따라서 해야 한다. 국민적 합의 총화 속에서 그렇게 되기를 바란다. 회의 방식도 문제다. 대책을 마련하는 방식에 있어서 (답을) 미리 결정해 놓고 하는 회의는 의미가 없다."

그는 44명 참석자 중 유일한 반대자였다. 전두환 대통령 옹립회의 같았던 전군지휘관회의에서 홀로 반기를 들었던 안종훈 장군은 그로부터 1년을 버티지 못하고 예편당한다. 그러나 안종훈 장군은 1980년 5월 회의장을 박차고 나오지 못하고 끝내 계엄 확대 찬성안에 이름을 올린 것을 두고두고 후회했다. 그리고 이렇게 아쉬워했다. "3~4명만 합세했어도 분위기를 뒤집을 수 있었는데…"(《중앙일보》 1995.5.17.)

느닷없이 안종훈 장군 이야기를 길게 늘어놓는 이유는 그분이 이 책의 저자 김성회 정치연구소 와이 소장의 외할아버지이기 때문이다. 철 지난 '가문의 영광'을 찬미할 마음은 없다. 외할아버지가 훌륭하시니 손주도 그러하리라 설레발을 칠만큼 얼굴이 두껍지도 않다. 다만, 오욕으로 얼룩진 우리 현대사에서 보기 드문 '정상적인' 군인이었던 외조부의 과거에 비추어 김성회 소장의 오늘을 바라보고, 또 외조부의 행적을 기려 그 손자와 나누고 싶은 말이 있을 뿐이다.

영화 〈서울의 봄〉을 보면서 스트레스 지수가 한껏 올라갔다는 사람이 많다. 그 불평에 적극적으로 공감하면서도 나는 엉뚱한 푸념을 했다. "옛날에는 나쁜 놈이라도 분명하지 않았던가."

전두환은 명확하게 나쁜 놈이었고, '파쇼 하에 만사 반대'가 가능했으며, 전두환 정권은 불문곡직 타도의 대상이었고, 전두환에 반대하는 것부터가 정의의 시작이었다.

누군가는 "지금도 그렇지 않은가."라고 일갈하며 "검찰 독재 타도에 나서자."라고 외칠지도 모르겠다. 심지어 어느 국회의원은 "총선에서 여당이 이기면 계엄령을 선포할 것"이라며 해괴한 협박(?)을 하기도 한다. 이렇듯 요즘 한국 정치판은 사생결단의 양쪽 진영으로 갈라져 있는 듯 보인다.

그런데 한 쪽을 전적으로 편들기란 어렵다. 집권 이래 윤석열 정권이 보여 준 온갖 삽질을 고이 넘기기란 실로 고역이지만, 그렇다고 '윤석열 정권 타도'가 정의라고 선언하는 일은 적잖이 난감하고, "이대로 가면 총선은 무조건 승리"라는 말에 고개를 끄덕이기란 더더욱 쉽지 않다.

그런데 들이닥치는 질문은 연신 뾰족해진다. "너는 누구 편이냐?"라는 질문과 함께 검열까지 들어온다. "이러저러한 말을 하다니 너는 이런 부류군." 나아가 그 '부류'에 걸맞은 갖가지 멸칭이 늘어선다. 이럴 때마다 나는 안종훈 장군의 항변을 떠올린다. "답을 정해 놓고 하는 회의는 의미가 없다."

요즘 말로 '답정너'라고 하던가. 답은 정해져 있고 너는 대답만 하면 된다는 뜻이다. 나는 김성회가 이 '답정너'에서 벗어난, 흔하지 않은 정치인이라고 본다. 아니, 그렇게 자신을 스스로 다들어 왔다고 여긴다. 극렬한 팬덤들이 활동하는 물살 거센 정치판 한가운데에서도 쉽사리 휩쓸리지 않았고, 스스로 정의의 편이라는 독선 그득한 선배 정치인들에게 섣불리 물들지도 않았다. 자신의 주장을 고집과 억지 아닌 합리적 근거를 통해 풀어 놓는 내공을 키웠고, 일세를 풍미한 논리적(?) 독설가와 말을 섞으면서도 어깨가 처지지 않을 경륜을 길러 왔다. 무엇보다 그는 내가 이해하고 바라는 정치의 정도를 걸으려 애쓰는 정치인이다. 이 책에서도 김성회는 끊임없이 대화와 타협의 중요성을 강조하고 있다.

"민주주의란 의견이 다른 사람들이 같이 살아가기 위한 방법입니다. 민주주의 체제에서는 자기 뜻과 맞지 않는 결정이나 제도가 있다고 해도 이를 단박에 뒤집을 수 없습니다. 대화가 지지부진하게 늘어져도 포기하지 않고 끝까지 대화를 통해 서로 설득하고 타협하려는 자세가 필요합니다."

'종북'이든 '친일'이든 '수구'든 '빨갱이'든 저마다의 생각과 지향점을 갖고 있다. 이렇게 자신들의 의사를 표출하는 집단을 '근절'하거나 '일소'하는 일은 민주주의 사회에서는 원천적으로 불가능하다고 생각한다. 한때 우리는 자신들의 뜻에 반한다는 이유로 빨갱이로 옭아매고 절멸시키려는 세력에 대해 저항했다. 그런데 요즘 우리는 너무 쉽게 상대를 '악'으로 규정하고 있지는 않은가. 상대방을 '근절'하지 않고는 제대로 된 사회가 이루어지지 않는다고 단정하고 있지는 않은가. 저쪽과 싸우다가 저쪽과 닮아버린 듯한 우리 편을 향해서 "이건 아닙니다."라고 말할 정치인을 응원하고, 좀 건방지게 말하면 '길러내고' 싶다는 생각은 나만 하고 있지 않을 것이다.

"도대체 다른 사람들은 어떤 정신으로 국민의힘을 지지하는지 납득이 안 되시나요? 그런 생각이 드신다면 자신이 행여 상호 관용의 정신이 결여된 것은 아닌지 반문해 보셔야 합니다. 상호 관용을 무시하는 태도는 윤석열 정부가 보이는 대표적인 모습이라는 점도 상기하셔야 할 것입니다."라고 당당하게 '옳은 소리'를 하는 정치인이 내게도, 이 나라에도 필요하다고 힘주어 말하는 이유다. 민주주의는 누구를 타도해서 이뤄지지 않는다. 우리 스스로 성숙해지는 과정이고, 피곤함을 견디는 인내이며, 너는 나와 다르지만 그래도 교집합을 찾아보자고 머리를 싸매는 오지랖이라는 것을 이 책을 통해 김성회는 내게, 또 우리에게, 또 다른 '우리'에게 말하고 있다.

아울러 정치인 김성회에게 당부하고 싶은 바는 12·12 사태 당시나 5·17 전군지휘관회의 때 보여 준 외할아버지의 용기를 지녀 달라는 것이다. 세상없는 화살촉들이 들고 일어나서 김성회 본인을 찔러대더라도, 권력 실세건 정치 선배건 눈 지그시 감으면서 "자네는 아직 정치를 몰라." 따위의 말로 기를 죽이더라도 '옳은 소리'를 포기하지 말기 바란다. "내가 아는 정치는 선배

님과 다릅니다."라고 되받아치는 김성회가 되기를 희망한다. 아울러 5·17 전군지휘관회의 때 품었던 외조부의 아쉬움을 대신해 '함께할 수 있는 서너 명'을 규합해 내는 정치인이 되기를 바라 마지않는다. 그럴 때 나 또한 기꺼이 그 '서너 명'에 가담하겠다고 약속하면서, 이 책을 세상에 내놓는 김성회의 팔을 들어 올려본다.

"동네 사람들~ (내 주제에 감히 국민 여러분을 소환하기는 어렵기에) 김.성.회.입니다."

김형민(프로듀서, 《딸에게 들려주는 역사 이야기》 저자)

차례

들어가며 … 4
추천의 글 … 10

1부 ▶ 유튜브 시대의 정치

1장 • 유튜브만 보면 되지 굳이 기사를 읽어야 하나요? … 27
1 신문과 포털 뉴스의 몰락 … 27
2 균형 잡힌 시각을 갖추자 … 31

2장 • 왜 정치 유튜버가 됐나요? … 34
1 유튜브 전성시대 … 35
2 유튜브에서 구독자 모으는 법 … 36
3 정치의 상수가 된 유튜브 … 39

3장 • 정치 유튜버들은 왜 진영논리에 빠져 있나요? … 42
1 정치 유튜버의 유형 … 42
2 진영논리에 잠식된 유튜브, 도파민의 시대 극복해야 … 46

4장 • 소셜 미디어를 어떻게 정치에 활용할 수 있을까요? … 49

1 깨어 있는 시민의 역사 … 49

2 여론을 보는 눈 … 54

3 이제 유튜브 정치다 … 57

4 더불어민주당 MCN을 만들자 … 60

2부 ▶ 알아 두면 쓸모 있는 정치 상식

1장 • 어떡해야 공천을 받아 국회의원이 될 수 있나요? … 65

1 각 정당의 인재 영입 경로 … 65

2 해외의 정치 입문 경로 … 67

3 고시=과거제도? … 68

4 어떤 사람이 공천을 받았을까 … 71

5 DJ의 젊은 피 수혈 … 72

6 386세대 이후의 인재 영입 … 74

7 비례냐 지역구냐 … 76

2장 • 국회의원은 어디서 뭘 하나요? … 81

1 국회의원의 하루 … 81

2 국회의원은 어디에서 볼 수 있나? … 83

3 지역형 정치인 … 85

4 큰 정치인? 장수 정치인? … 87

3장 · 선거에서 떨어져도 계속 출마하는 이유가 뭔가요? … 91

1 상습 출마자 … 91
2 그 많은 선거비용은 어떻게 충당할까? … 94
3 출마자의 일상 … 95
4 선거 패자가 재기하는 법 … 97
5 자칫하면 여의도 건달 … 98

4장 · 국회선진화법이 필요한가요? … 101

1 국회선진화법이란? … 102
2 국회선진화법이 적용된 사례 … 103
3 무엇이 문제인가? … 105
4 거부권을 행사하는 대통령 … 108
5 정치가 바뀌어야 한다 … 110

5장 · 왜 선거 때만 되면 제3당이 등장하나요? … 113

1 '나 아니면 안 돼!'라는 엘리트주의 발상 … 114
2 지역에 발 못 붙이는 정치인 … 115
3 연동형 비례대표제가 제3당에 유리할까? … 117

6장 · 우리나라에는 왜 젊은 지도자가 등장하지 않나요? … 120

1 젊치인이 활약하는 나라들 … 121
2 허울만 좋은 청년위원회 … 123
3 돈 써야 하는 선거 … 125
4 진입장벽 허물기 … 127
5 약은 약사에게 청년 문제는 청년에게 … 129

3부 ▶ 윤석열 알고리즘 대해부

1장 • 윤석열 대통령은 뉴라이트인가요? ··· 135

1 윤석열 대통령은 처음부터 뉴라이트였을까? ··· 136
2 통일혁명의 주인공 윤석열 대통령 ··· 137
3 뉴라이트를 입에 올리다 ··· 141

2장 • 윤석열 정부의 뉴라이트 외교는 왜 위험한가요? ··· 145

1 신냉전을 기원하는 뉴라이트 ··· 146
2 한미일 대 북중러 ··· 148
3 한미일 중심 전략의 부작용 ··· 152
4 신남방정책을 폐기할 것인가 ··· 154
5 자주적 외교정책이 필요하다 ··· 156

3장 • 윤석열 대통령은 왜 자꾸 카르텔을 이야기하나요? ··· 158

1 특수부 패밀리십 ··· 158
2 검사 윤석열의 세계관 ··· 161
3 카르텔을 상정하는 문제 해결법 ··· 162
4 전선의 단순화 ··· 166

4장 • 윤석열 정부에서는 왜 아무도 재난 책임을 지지 않나요? ··· 168

1 기소할 수 없으면 무죄 ··· 169
2 난데없는 자존심 대결 ··· 171
3 구조적 문제를 보라 ··· 172

5장 • 윤석열 대통령에게 누가 영향을 미치나요? … 174

1 무속인과 교류하는 영부인 … 175
2 경제사회연구원 … 178
3 유튜버와 텔레그램 … 180

6장 • 왜 자꾸 이전 정부 인사가 다시 등판하나요? … 183

1 정당 기능이 몽땅 사라진 국민의힘 … 184
2 우물 안 네트워크 … 186

4부 ▶ 정치 개혁

1장 • 정치 개혁은 왜 필요한가요? … 193

1 왜 지금 정치 개혁인가 … 193
2 정치의 본질 … 195
3 정치 전반을 바꾸는 개혁이 필요하다 … 197

2장 • 정치를 개혁하려면 선거제가 바뀌어야 하나요? … 201

1 다당제가 시대정신이라는 편견 … 202
2 양당우위체제는 나쁘다? … 205
3 중대선거구제와 비례대표제 … 206
4 개정 길도 한 걸음부터 … 208

3장 • 정치관계법이 기득권을 지켜준다고요? … 211

1 사다리 걷어차기 … 212
2 현장에서 마주하는 난관들 … 213
3 기득권 구조 깨뜨리기 … 216

4장 • 개헌합시다, 87체제 … 218

1 개헌이 꼭 필요한가요? … 219
2 개헌이 안 되는 이유 … 219
3 개헌절차법을 제정하자 … 221

1부
유튜브 시대의 정치

• LIVE

▶ 궁금증을 해결하기 위해 백과사전을 펼쳐야 했던 시절이 있었습니다. 컴퓨터가 보급되고 나서는 포털 검색을 통해 정보를 구하는 일이 일상이 됐습니다. 얼마 지나지 않아 양상은 또 달라져 이제는 유튜브의 시대입니다. 많은 사람이 궁금한 점이 생기면 유튜브에서 먼저 검색합니다. 정보 생산자들은 유튜브에 정보를 올리고, 정보 수용자들은 유튜브를 통해 정보를 얻어 가는 방식으로 변해 가고 있습니다.

정치도 유튜브와 떼려야 뗄 수 없는 관계입니다. 당원과 지지층이 정치 뉴스를 보기 위해 유튜브를 즐겨 찾습니다. 신문이나 포털 뉴스보다도 유튜브를 통해 먼저 정보를 접하고 댓글로 의견을 피력하죠. 정치인도 변화에 발맞춰 바뀌어야 한다고 생각합니다. 물론 새롭게 도래한 환경인 만큼 여러 문제도 산재해 있습니다. 과연 정치는 유튜브 환경에서 어떻게 변해야 할까요?

유튜브만 보면 되지
굳이 기사를 읽어야 하나요?

신문은 자취를 감춘 지 오래고 포털 뉴스도 이제는 하향세로 접어들고 있습니다. 반면, 유튜브 이용자 수는 점점 늘어 현재는 한국인 10명 중 8명이 유튜브를 이용한다고 합니다.* 여전히 중요한 정보 생산자인 신문을 독자가 외면하는 이유는 뭘까요? 한편에서는 왜 여전히 활자 뉴스를 읽어야 한다는 주장이 나오는 걸까요?

1 ▶ 신문과 포털 뉴스의 몰락

요즘은 신문 가판대를 찾아보기가 어려워졌습니다. 2012년

---

* 최원희, "2022년 9월 '유튜브' 사용자 4183만, 대한민국 81% 사용", 〈플래텀〉, (2022.10.12.), https://platum.kr/archives/194239

40.9%였던 종이신문 열독율은 2022년 9.7%로 하락했습니다.* 지하철에서 종이신문 읽는 사람을 더는 찾아보기 힘들어졌고, 대부분은 스마트폰을 들여다봅니다. 그렇다고 뉴스 소비 자체가 줄어들지는 않았습니다. 오히려 늘어나고 있습니다. 단지 신문을 통해서 기사를 접할 필요가 없어졌을 뿐입니다. 대부분은 스마트폰으로 포털사이트가 짜 놓은 틀 안에서 뉴스를 소비하고 있습니다.

문제는 포털 뉴스의 지나친 수익성 추구로 '악화가 양화를 구축하고 있다'는 점입니다. 네이버, 다음 등과 같은 포털은 광고 수익 극대화에 초점을 맞춰 뉴스를 제공합니다. 포털 이용자들이 포털에 오래 체류할수록 광고 비용을 올리기도 하고, 기사를 읽는 체류 시간을 늘리고자 각양각색의 방법을 동원합니다. 우선 기사 배치 권한을 활용해 자극적인 기사를 상단에 노출해서 클릭을 유도하고, 비슷한 부류의 자극적인 기사를 연관 기사로 배치하는 식이죠. 이제는 인공지능AI이 한다지만 그 알고리즘도 포털에서 만드니 큰 차이는 없습니다. 댓글 기능을 활성화하기도 합니다. 댓글을 달게 할 뿐 아니라 추천과 비추천을 누를 수 있는 평가 시스템을 만듭니다. 10~20초 정도의 짧은 시간이라 해도 댓글을 달고 읽는 시간만큼 체류 시간이 늘어나니까요.

* 김성재, "TV·신문 이어 포털까지… 뉴스이용도 '급감' 왜?", 〈민들레〉, (2023.10.4.), https://www.mindlenews.com/news/articleView.html?idxno=5365

포털은 무슨 권리로 언론사 기사를 제 맘대로 배치하는 걸까요? 기성 언론사의 편집국장은 대개 20년 넘게 일해 온 기자 중에서 투표를 거쳐 뽑습니다. 일 잘하고 글 잘 쓰며 동료에게 신뢰받고 능력을 인정받은 기자가 편집국장으로 추대됩니다. 편집국장은 오랜 시간 신문사 동료들과 함께 일해 왔기 때문에 기자 개개인이 어떤 성향이며 글을 어떻게 쓰는지 빠삭하게 꿰고 있습니다. 이런 사람이 신문의 편집권을 쥐고 기사를 선택하고 지면 배치를 결정합니다.

반면, 포털에는 편집국장의 역할이 부재합니다. 뉴스제휴평가위원회 등 자체 기구를 만들어 운영하다가 이제는 AI에 기사 추천을 맡기고 있다지만 신뢰도가 떨어집니다. 개인의 정치 성향에 부합하는 기사를 제공한다고요? 그러려면 먼저 독자 개인의 진보, 보수 성향에 관한 분석이 있어야 하는데, 네이버나 다음이 개인의 정치 성향을 물어볼 방법이 없죠. 그저 과거에 봤던 기사와 유사한 기사, 공분을 살 만한 기사, 댓글이 많이 달린 기사를 쓱 띄워 놓고 '이것도 읽어 보지 그래?'라고 권할 뿐입니다. 포털이 뉴스를 정치적 성향이나 기사의 품질에 대한 진지한 고민 없이 광고 수익 창출의 수단으로만 여기기 때문 아닐까요?

포털을 통해 뉴스를 접하는 방식으로 기사 소비 환경이 바뀌게 되자, 언론사들도 트래픽 늘리기에 집중해 왔습니다. 예를 들어 네이버 뉴스는 제휴 언론사들과 개별 협상을 통해 전재료*를 지급하는 방식으로 운영해 오다가 2020년부터 방문자 수, 구독자 수, 조회 수 등에 따라 광고 수익을 차등 배분하는 형태로 운영 방식을 변경했습니다. 이렇게 변화된 수익 구조는 중앙 언론사들마저도 클릭 경쟁에 몰두하게 하고 있습니다.

그러다 보니 어뷰징 기사**가 늘고 있어요. 동일한 내용의 기사를 복사해 붙이고, 특정 정치인의 강도 높은 발언, 그중에서도 자극적인 '워딩'만을 골라 헤드라인을 뽑죠. ==포털로 기사를 접하는 이용자는 사실상 뉴스를 읽는다기보다는 자극적인 기사를 보고 도파민을 뿜어내며 포털에 중독돼 간다고 할 수 있습니다.== 화가 나는 기사를 읽으며 더 많은 도파민***과 아드레날린****을 뿜어내고 다른 기사를 찾아보며 화를 더 내는 여러분의 모든 행동이 포털 입장에서는 '체류 시간, 활동의 증가'로 이어져 고스란히 이익으로 돌아오는 구조입니다. 물론 양질의 기사를 꾸준히 발행하는 언론사도 있지만, 올바른 기사가 회사 운영에는 별 도움이 되지 못하는 상황입니다.

---

*   다른 데 실렸던 글을 옮겨 싣는 대가
** 어뷰징: 인터넷 포털사이트에서 검색을 통한 클릭 수를 늘리기 위해 중복·반복기사를 전송하거나 인기 검색어에 올리기 위해 클릭 수를 조작하는 행위 (출처: 네이버 지식백과)
*** 뇌신경 세포의 흥분을 전달하는 역할을 하는 신경전달물질 (출처: 〈헬스조선〉)
**** 교감신경 자극에 의해 분비되는 호르몬으로, 혈압을 높이고 동공을 확장시키며 사람을 흥분시켜 매우 역동성 있게 한다. (출처: 〈아웃소싱타임스〉)

2 ▶ 균형 잡힌 시각을 갖추자

기사의 질이 저하되고 있는데 굳이 신문이나 포털 뉴스를 찾아봐야 하는지 의문이 생기는 것은 당연합니다. 유튜브로도 충분히 정보를 접할 수 있다고 생각할 수도 있습니다. 저 또한 유권자 모두가 신문을 읽어야 한다고 생각하지는 않습니다. 다만, 정치인만큼은 균형 잡힌 시각을 갖추기 위해서라도 반드시 신문을 읽어야 한다고 생각합니다. 유튜브와 달리 신문에서는 쓴 사람의 의중과 행간을 읽을 수 있기 때문입니다. 편향을 줄이고 주체적으로 정보를 습득할 수 있습니다. 1시간 동안 3개의 일간지를 읽는 쪽이 유튜브 한 편을 보는 것보다 압도적으로 많은 정보를 얻을 수 있습니다. 일간지의 기사에는 필자가 자기 생각을 최대한 압축해 글로 옮겨 놓았기 때문입니다.

　　나아가 정치 성향과 관계없이 여러 신문을 두루 읽는 것은 중요하다고 봅니다. 조·중·동을 읽으면 보수 진영이 대체로 어떤 생각을 가졌고, 보수 이념이 어떤 기제를 통해 움직이는지를 가늠할 수 있습니다. 더구나 〈한겨레〉와 〈경향신문〉만 읽어서는 알 수 없는 정보도 있습니다. 가령 J 도사가 윤 대통령 손에 왕王자를 썼다는 사실*이나 윤 대통령이 회의 시간 발언을 독점해서 '59분

---

*　조용헌. "[조용헌 살롱] [1330] 둔갑술과 검법", 〈조선일보〉, (2022.1.10.), https://www.chosun.com/opinion/specialist_column/2022/01/09/3BHMFRT365FRDGHNPWNC7RWRME/

대통령'이라고 불린다는 사실은 제가 보수 신문을 통해서 얻은 정보였습니다.*

정치인이 신문 보기를 게을리하면 윤석열 대통령처럼 됩니다. 도어스태핑 자리에서 "바빠서 뉴스를 잘 못 본다."라고 윤 대통령 본인이 직접 말한 바 있습니다. 신문을 통해 사회의 다각적인 면을 파악했다면 지금처럼 이념적으로 경도돼서 국정을 운영하지는 않았으리라고 생각합니다. 저도 유튜브에서는 비교적 자유로운 형식으로 구두로 정보를 전달하다 보니 준비한 내용 외에 머릿속에 떠오르는 생각도 주저리주저리 말하게 됩니다. 생각이 꼬리에 꼬리를 무니 결국 별로 할 필요 없는 이야기도 은근한 지식 자랑의 기회로 삼아 말했던 적이 여러 차례 있습니다. 반면, 신문은 한정된 지면 안에 정보를 채워야 하니 필자의 압축적인 생각을 볼 수 있습니다.

재차 이야기하지만, 윤석열 대통령이 조·중·동이라도 읽었으면 합니다. 조·중·동은 일절 볼 필요가 없다고 말씀하시는 분들도 있지만, 저는 그렇게 생각하지 않습니다. 정치를 둘러싼 여러 요인을 다각적으로 이해하기 위해서는 이들이 어떤 주장을 하고 있는지를 파악하려고 노력해야 한다는 말씀을 드리고 싶습니다.

* 배성규, "[태평로] 대통령 지지율이 떨어진 어떤 이유들", 〈조선일보〉, (2023.4.20.), https://www.chosun.com/opinion/taepyeongro/2023/04/20/ISOT4A3PHJECLOTUYDARDJD23U/

==혹시 신문을 읽어야겠다고 생각하시는 분들께서는 진보, 중도, 보수지 중에서 각각 하나씩 골라 읽기를 권해 드립니다.== 시간을 내기 어려워 스트레이트 기사*를 전부 읽기 힘드시다면 오피니언 면이라도 읽어 보시기를 추천합니다. 오피니언 면에는 보통 언론사 주필들이 쓴 칼럼들이 실리는데, 그중에서 마음에 드는 글을 골라 읽으셔도 좋습니다. 각 신문사에서 매일 2~3편 정도씩 내는 사설에는 이슈에 대한 해당 신문의 견해가 압축적으로 담겨 있습니다. 사설을 꾸준히 읽으면 이슈에 대한 관점을 기르는 데 도움이 됩니다.

종이신문 등 전통적인 미디어가 몰락 수순을 밟는다지만, 정치인은 정확하고 균형 있는 정보를 얻기 위해 반드시 신문을 꾸준히 읽어야 합니다. 다만, 그들의 주장에 굴복해 신문의 눈치를 봐서는 안 됩니다. 유권자에게도 신문 읽기가 도움이 되는 건 마찬가지입니다. 물론 신문을 보지 않는 유권자를 비난할 이유는 없습니다. 오히려 유권자가 정보를 얻는 채널이 유튜브로 변화했다면 정치인이 유튜브 크리에이터가 돼야 합니다. 정치인 스스로 자기 주장과 정보를 직접 전달할 창구를 만들어 소통해야 합니다.

---

* 육하원칙에 따라 건조하고 객관적으로 사건을 전달하는 기사 (출처: 〈한겨레〉)

2장

왜 정치 유튜버가 됐나요?

저는 정치인 김성회이자 23만* 유튜브 채널 〈김성회의 옳은소리〉를 운영하는 유튜비입니다. 평일 아침 9시 '아침부터 옳은소리'라는 라이브 방송을 통해 시청자분들을 찾아뵙고 있습니다. 오픈스튜디오를 열어 공개방송도 진행하고 있습니다.

이번 장에서는 나름의 경험을 토대로 정치 유튜브에 관한 궁금증을 풀어 드리고자 합니다. 정치인인데 유튜브를 운영한다고 하면 많은 분이 관심을 보입니다. 사실 23만 구독자를 어떻게 모았는지보다는 한 달에 얼마 버는지를 물어보는 분이 더 많습니다. 하지만 끝까지 읽으셔도 제가 얼마를 버는지는 나오지 않습니다.

---

* 2023.10.29. 기준 23만 9,156명. 24만 명이라고 쓰고 싶었습니다.

1 ▶ 유튜브 전성시대

유튜브가 현재 가장 영향력 있는 미디어 플랫폼이 된 이유는 몇 명이 봤는지 확인 가능한 동영상을 내보내는 그들의 플랫폼 구조가 오늘날 광고주의 입맛에 제일 잘 맞았기 때문입니다. 미디어는 광고주가 원하는 방향을 민감하게 살핍니다. 과거에는 TV의 메인 뉴스나 인기 드라마가, 얼마 전까지만 해도 블로그가 대세였습니다. 하지만 유튜브가 등장하면서 사람들은 글보다 영상을 더 많이 찾아보게 됐습니다. 동영상 중심 플랫폼인 유튜브는 블로그보다 방문자 체류 시간이 깁니다. 체류 시간이 길다는 말은 광고 효과가 더 크다는 뜻입니다. 유튜브에 광고가 몰리기 시작했고, 그만큼 콘텐츠 창작자들이 받는 광고 수입도 늘어났습니다. 광고로 돈 버는 콘텐츠 창작자들이 블로거에서 유튜버로 전향했습니다.

유튜브는 다양한 시청자 지표를 이용해 크리에이터를 자발적 노예로 만듭니다. 조회 수 추이, 구독자 성비, 시청자들의 선호 채널 등과 같은 여러 정보를 제공해서 크리에이터가 어떻게 구독자와 조회 수를 늘릴 수 있을지 고민하게 만듭니다. 광고가 붙게끔 크리에이터가 1분이라도 더 구독자를 붙잡는 방법을 자발적으로 고안하게 유도하는 구조가 유튜브의 핵심입니다.

물론 저도 영향을 받습니다. 〈김성회의 옳은소리〉에서는 평일 오전 9시마다 '아침부터 옳은소리'라는 라이브 방송을 진행합니다. 방송 시간은 보통 1시간 남짓 되는데 그중 40분 정도는 제 의견을 부연한 뉴스 브리핑을 하고, 나머지 20분 동안은 시청자들과 즉문즉답을 합니다. 그런데 유튜브에서 집계한 '아침옳소'의 평균 시청 시간은 15분 정도입니다. 이는 방송 한 꼭지 정도에 해당하는 시간이죠. 이러다 보니 채널을 운영하는 데 적잖게 신경을 쓰게 됩니다. 제 채널을 구독하시는 분들의 시청 시간을 더 늘리려면 어떻게 해야 하는지 항상 고민하고 있습니다.

2 ▶ 유튜브에서 구독자 모으는 법

유튜브 채널을 개설했다고 해도 구독자 모으기는 여간 힘든 일이 아닙니다. 제 주변만 보더라도 유튜브 채널 운영을 시작했지만 구독자가 안 늘어 어려움을 겪는 분이 꽤 있습니다. 나름대로 조언을 드리곤 하는데, 초창기에는 영상을 줄곧 올리다가 구독자 수가 잘 늘지 않으니 올리는 빈도를 줄이는 분이 많아요. 아무래도 눈에 띄는 성과가 곧장 나오지 않으면 의욕은 떨어지기 마련이죠.

구독자를 늘리는 첫 번째 방법은 주기적으로 영상을 업로드하는 겁니다. 수년간 〈김성회의 옳은소리〉를 운영하며 느낀 바로는 구독자를 늘리려면 매일이든 주 3회든 상관없이 같은 시간에 같은 포맷의 콘텐츠를 꾸준하게 올려야 합니다. '이 시간에는 이 영상이 올라온다.'라는 믿음이 있어야 고정 시청자층이 생깁니다. 그렇게 유튜브에서 신뢰를 얻으면 유튜브가 다른 시청자들에게 그 채널을 추천 영상이라는 형태로 알려 줍니다. 이를 클릭한 사람들이 해당 영상을 어느 비율 이상 소화하면 유튜브가 '오, 이 영상은 뜨겠는데?'라고 판단하고 여기저기에 추천합니다. 영상을 정기적으로 올려야 알고리즘*의 수혜자가 될 수 있다는 점을 기억해야 합니다.

저는 하헌기 CP의 아이디어로 2020년 당시 자유한국당이 운영하던 유튜브 채널〈오른소리〉를 패러디한〈김성회의 옳은소리〉를 시작했습니다. 방송 초기에는 편집한 영상을 올렸는데 공도 너무 많이 들고 제가 직접 편집하지 않다 보니 시간이 지나면서 좀 시들해졌습니다. 그러다가 '아침에 일어나면 어차피 신문을 읽는데 그걸 갖고 뉴스 해설을 하면 좋겠다.'라고 생각하고 매일 오전 9시마다 '아침부터 옳은소리'를 하기 시작했습니다.

그리고 '아침부터 옳은소리'가 공략하는 시청자층을 명확히 정했습니다.〈김어준의 뉴스공장〉등 인지도가 높은 오전 방송이 끝나는 시간에 라이브 방송을 진행해서 볼거리가 없어 허전한

---

* 유튜브가 이용자에게 적절한 영상을 추천하는 기능

시청자들을 붙잡자는 전략이었죠. 점심과 저녁 시간대는 〈이동형TV〉, 〈김용민TV〉, 〈강성범TV〉 같은 내로라하는 채널들이 있어서 피했습니다. 나름대로 경쟁력을 갖출 만한 시간대를 찾아 꾸준한 라이브 방송 진행과 소통을 통해 구독자를 확보하고자 했습니다.

두 번째 방법은 팬층이 두터운 기존 유튜버들과의 콜라보입니다. 유튜브는 출연하는 인물들의 얼굴을 파악합니다. 그리고 그 얼굴이 나오는 다른 영상을 추천 알고리즘에 반영합니다. 즉, 자기 채널에 기존의 유명 유튜버를 초대해 합방할 수 있으면 해당 영상이 다른 이용자들의 피드에 뜰 확률이 높아집니다. 콘텐츠에 매력이 충분하다면 그렇게 유입된 시청자들을 구독자로 잡아 둘 수 있습니다.

세 번째, 가급적 욕설이나 자극적인 콘텐츠를 지양하고 모두가 부담 없이 볼 수 있는 영상을 만들어야 좋습니다. 만약 그럴 사정이 아니라면 유튜브에 '내 영상엔 욕설이 들어가.'라고 정확히 알려 줘야 합니다. 방송할 때마다 유튜브는 '광고를 붙이겠습니까?'라고 물으며 '욕설이 있나요? 전쟁과 관련한 콘텐츠입니까?' 등을 확인하는데, 이때 아주 정직하게 대답해야 합니다. 저는 이태원 참사나 세월호 참사를 다루는 날에는 아예 '광고 사용하지 않음'을 체크하고 방송합니다. 유튜브와 신뢰를 쌓는 것이 확산도를 높이는 데 매우 중요합니다.

정리하자면, 유튜브 구독자를 늘리기 위해서는 정기적으로 콘텐츠를 만들고 다른 유튜버들과 콜라보를 잘 하고 예측 가능한 영상을 만들어야 합니다. 세 방법을 관통하는 핵심은 언제나 광고주의 눈치를 살피는 유튜브라는 광고회사의 생리에 대한 이해입니다. 고정 시청자층이 꾸준히 찾는 콘텐츠, 다양한 사람들의 피드에 노출되는 콘텐츠를 올려서 광고주가 좋아하는 채널이 돼야 합니다. 누구나 볼 수 있고, 누구에게나 쉽게 권할 수 있는 방송이 돼야 한다고 생각합니다. 저는 항상 제 아이와 어머니가 볼 수도 있다는 긴장감을 갖고 방송하고 있습니다.

3 ▶ 정치의 상수가 된 유튜브

예전에는 정치 뉴스를 접하려면 본인의 정치 성향에 따라 〈한겨레〉, 〈경향신문〉, 〈조선일보〉, 〈중앙일보〉 등과 같은 특정 언론사의 종이신문을 골라서 구독해야 했습니다. 그러다가 인터넷이 확산하면서 포털에서 뉴스를 보는 문화로 넘어갔고, 지금은 유튜브로 뉴스를 접하는 모습이 보편적이 됐습니다. 유권자들이 유튜브를 통해 정치에 관한 정보를 받아들이기 때문에 유튜브와 정치는 떼려야 뗄 수 없게 됐습니다. 저 역시 이런 이유로 유튜브 방송을 시작했습니다.

유튜브의 알고리즘을 조금 더 살펴보겠습니다. 유튜브는 알고리즘을 통해 시청자에게 동영상을 정교하게 추천합니다. 같은 영상을 보는 시청자를 추려서 특정 시청자군이 어떤 영상을 좋아할지 예측해 냅니다. 다른 한편으로는 방송의 음성을 텍스트화해서 주요 키워드를 뽑아냅니다. 그렇게 시청자의 시청 기록과 방송의 키워드를 조합해 피드에 추천 영상을 띄웁니다. 그뿐만 아니라, 김성회라는 유튜버의 얼굴을 인식해서 제가 등장하는 다른 영상들을 찾아 놓기도 합니다. 그러고는 김성회가 출연하는 영상을 오래 시청하는 시청자들의 피드에 추천 영상으로 올려놓습니다. 시청자들이 유튜브 앱에서 나가지 않도록 온갖 방법을 동원합니다.

시청자는 주체적으로 콘텐츠를 골랐다고 생각하겠지만, 이 또한 유튜브가 의도하는 바입니다. 유튜브 알고리즘은 시청자의 기분이 상하지 않는 범위에서 '이것도 보세요, 저것도 보세요.'라며 새로운 영상들을 소개합니다. 하지만 방금 봤던 영상보다 좀 더 자극적인 영상을 추천해야 아무래도 시청 시간이 늘어나겠죠? 이런 방식이다 보니 ==시청자들은 점차 자극에 익숙해지면서 좀 더 강도 높은 자극을 찾게 되고, 결국에는 극단적인 영상에 노출됩니다.== 이를테면 허위 사실을 퍼트리는 극단적인 유튜브 영상을 접하게 되는 식입니다.

몇 달에 걸쳐 알고리즘 편향에 젖어 드는 동안 극단적인 주장에 대한 저항은 점차 수그러들고, 그러다 보니 애당초 그런 허위 사실을 유포하는 영상에 동조하지 않았을 만한 사람들도 자연스럽게 빨려 들어가게 됩니다. 그리고 극단적인 영상은 그런 사람들에게 오히려 뻥 뚫린 듯 시원해지고 울분이 풀리는 기분을 느끼게 만들어 줍니다.

결국 시청자는 유튜브의 알고리즘이 지속해서 강화하는 특정 진영의 논리와 주장에 빠져들게 됩니다. 이런 흐름에 휘말리지 않고 버티는 것은 개인의 의지에 달렸지만, 세상에서 가장 똑똑한 박사들을 억대 연봉으로 스카우트해 여러분이 더 오래 유튜브에 머물게 할 궁리만 하는 집단을 이기기는 결코 쉬운 일이 아닙니다.

물론 이런 단점만 보고 지지자들을 '유튜브에 빠져서…'라고 비판하거나 외면해서는 안 됩니다. 유튜브를 보는 사람이 늘어나고 있다는 사실은 부정할 수 없는 현실이기 때문입니다. 게다가 정치 고관여층이 주로 유튜브를 통해 정치 관련 정보를 얻기 때문에 정치인은 더욱 정확한 사실과 논리를 바탕으로 유튜브에서 시민들과 소통해야 합니다. 일방적인 정보 전달의 창구가 아닌 상호 소통의 통로로 유튜브를 적극적으로 활용해야 합니다. 지지자를 모아 자기 생각을 전달하고 세를 구축하는 일은 정치의 기본입니다. 유튜브는 정치인에게 수많은 기회를 제공해 주는 광장인 셈입니다.

정치 유튜버들은 왜
진영논리에 빠져 있나요?

유튜브에서 유통되는 정치 콘텐츠 중에는 유독 극단적인 내용이 많습니다. '당신이 몰랐던 ○○의 불편한 진실' 류의 콘텐츠에서는 독립운동가를 사이코패스로 깎아내리기도 하고 독재자를 영웅으로 치켜세우기도 합니다. 콘텐츠뿐만 아니라 댓글 역시 내 편과 네 편을 갈라야 한다는 주장이 주를 이룹니다. 상대를 배척하고 선명성을 강조하는 양상은 유튜브의 특징이라고 할 수 있습니다.

1 ▶ 정치 유튜버의 유형

보통 자기 목소리를 내고 싶거나 돈을 벌고 싶은 사람들이 유튜버가 됩니다. 과거 비슷한 직업군으로는 전업 블로거가 있었습니다. 조회 수가 늘어나면 광고로 돈을 벌 수 있다는 점에서 둘은 크게 다르지 않습니다. 유튜브가 네이버보다 콘텐츠에 더 많은 값을 쳐주니 옮겨왔을 뿐입니다.

반면, 정치적인 신념을 갖고 유튜브 채널을 운영하는 사람들도 있습니다. 저 또한 유튜브를 통해 광고 수익을 얻고 있지만, 궁극적인 취지는 제 정치 견해를 알리고 지지자분들과 소통하기 위해서입니다. 저는 유튜브 수익 창출 방식인 슈퍼챗Super Chat을 켜 두지 않는데, 이는 그런 자존심을 지키기 위한 작은 실천입니다.

정치라는 같은 카테고리에 묶인다고 해도 각 유튜브 채널의 운영 목적과 방침은 천차만별입니다. 그렇다 보니 정치 유튜버의 스펙트럼은 넓을 수밖에 없습니다.

우선 국회의원을 포함한 정치인이 직접 유튜브 채널을 운영하는 경우가 있습니다. 이들은 보통 유튜브를 자신의 의정활동 홍보에 중점적으로 활용합니다. 그러나 국회의원 채널의 구독자 수는 대부분 저조합니다. 왜 그럴까요? 사람들이 관심을 가질 만한 이야기가 아니라 본인이 말하고 싶은 주제로 콘텐츠를 만들기 때문입니다. 당장 더불어민주당만 봐도 23만 유튜브 채널인 〈김성회의 옳은소리〉보다 구독자 수가 더 많은 국회의원 채널은 두 개뿐입니다. 이재명 대표가 운영하는 채널 〈이재명〉의 구독자 수가 86만 명이고 정청래 의원의 유튜브 채널 〈정청래 TV떴다!〉

의 구독자 수가 25만여 명입니다.*

정치 지망생도 자신을 알릴 방법으로 유튜브를 합니다. 이들은 대체로 대세를 따라 지지를 받으려는 경향이 두드러집니다. 한동훈 장관을 '한뚜껑'이라고 부른다거나 지지자들이 시원하다고 여길 만한 말을 대신 해 주기도 합니다. 저는 비판 여하를 떠나 인격적인 모독을 해서는 안 된다고 생각합니다만, 아무래도 지지자들에게 소구하는 정치인이 되고 싶어서 강도 높은 이야기를 꺼내는 유튜버가 많은 것이 현실입니다. 구독자가 늘지 않으면 지지자가 쏠리는 쪽으로 입장을 옮겨 가는 경향도 있고요.

다른 유형으로는 의제 설정 능력을 갖춘 야심가형 유튜버를 들 수 있습니다. 〈빨간 아재〉가 대표적인 사례라고 할 수 있습니다. 조국 교수의 재판을 중계하면서 어마어마한 구독자를 모았습니다. 법조기자가 전하지 않는 이면을 다뤄 인기를 끌었습니다. 〈이동형TV〉의 이동형 작가도 어젠다 세팅 능력을 갖춘 유튜버입니다. 2013년 방송 콘텐츠인 '이이제이'를 통해 이재명이라는 대권주자를 발견한 장본인이기도 합니다. 〈김어준의 겸손은 힘들다 뉴스공장〉도 의제를 설정하고 밀어붙일 힘이 있죠. 이렇게 진영의 어젠다를 정하고 여론을 모으는 야심가형 유튜버 또한 정치 유튜버의 일종이라고 할 수 있습니다.

---

* 유튜브 채널 〈이재명〉 구독자 수 85.7만 명, 〈정청래 TV떴다!〉 구독자 수 24.8만 명 (2023.11.6. 기준)

아무래도 가장 논란이 많은 유형은 '키워드 유튜버'일 겁니다. 이슈가 되는 키워드를 찾은 뒤 각종 관련 기사나 영상을 짜깁기해 콘텐츠를 업로드하는 정치 유튜버들입니다. 이마저도 어려우면 유명 정치인들이 싸우고 소리 지르는 장면을 그럴싸하게 붙여 빠르게 쇼츠*를 만들어 올리기도 합니다. 하지만 본인이 창작하지 않은 콘텐츠로 수익을 창출하기 때문에 저작권 등의 문제가 생길 수 있습니다. 자극적인 내용을 짧게 축약해서 올리기 때문에 질 낮은 정보를 유통한다는 문제도 있습니다. 그런데 이 쇼츠는 상당히 중독성이 있습니다. 1분 이내의 짧은 영상이다 보니 한번 빠지면 개미지옥처럼 계속 영상을 보게 됩니다. 쇼츠와 도파민에 관해서는 나중에 따로 이야기를 좀 해 보겠습니다.

저도 방송에 많이 출연하다 보니 키워드 유튜버들이 제가 나오는 장면을 편집해서 올린 영상이 많이 유통되고 있습니다. 그중에는 조회 수 200만 회를 기록한 영상도 있습니다. '아침부터 옳은소리' 영상을 그대로 따 간 유튜버를 신고할 수도 있지만, 그러지는 않고 있습니다. 따지고 보면 김성회라는 인물을 대신 홍보해 주는데 정치인으로서는 오히려 고마운 일이기도 하니까요. 콘텐츠를 통째로 도용하지 않고 짧은 쇼츠를 만든 정도라면 저뿐만 아니라 다른 정치인들 또한 그렇게 생각할 겁니다.

* 60초 이내의 짧은 영상

2 ▶ 진영논리에 잠식된 유튜브, 도파민의 시대 극복해야

정치 유튜버에는 다양한 유형이 있지만, 그렇다고 정치 유튜브 세계가 다양성이 존중되는 환경은 아닙니다. 선명하지 않고 어중간하면 욕을 먹습니다. 때로는 원색적으로 보일 만큼 상대 진영을 강도 높게 비판해야 구독자들의 지지를 받습니다. 한번은 〈새날〉이라는 채널에 출연해서 다른 진영 패널과의 합동방송을 기획하는 중이라고 말하니까 운영자인 푸나님이 "우리 진영 사람만 모아서 하는 편이 낫다. 다른 진영 이야기는 종편에서 충분히 듣고 있고, 구독자들이나 지지자들도 좋아하지 않는다. 굳이 양쪽의 주장을 듣는 그런 포맷을 가져올 필요가 없다."라고 조언하기도 했습니다.

같은 이유로 흥행이 잘 안되는 대표적인 프로그램이 CBS 〈박재홍의 한판승부〉일 겁니다. 기사화도 많이 되고 정치권에서는 꽤나 영향력이 큰 편인데 시청률은 별로입니다. 진중권 작가를 보러 오신 분들은 제 뻔뻔함에 혀를 내두르며 나가고, 저를 보러 오신 분들은 진 작가의 독설을 견디지 못하고 구독을 취소합니다. 정치적 입장이 다른 사람끼리 출연하면 흥행하기 어렵다는 〈새날〉 푸나님의 조언이 딱 들어맞는 사례입니다.

유튜브는 한 달에 20억 명이 넘게 이용하는 서비스입니다. 개인이 이겨 보려고 해도 저들이 파악하고 있는 소비자의 성향에 따라 제공하는 맞춤 서비스를 극복하기는 거의 불가능에 가깝습니다. ==유튜브의 목적은 우리에게 옳은 정보를 제공하는 것이 아니고 체류 시간을 늘려 더 많은 광고를 소비하도록 하는 것임을 잊지 않으셔야 합니다.==

지금처럼 선명성을 강조하게 된 이유는 도파민의 시대가 도래해서라고 생각합니다. 도파민이 분비되면 성취감과 보상감이 생깁니다. 좋아하는 음악을 듣거나 맛있는 음식을 먹으면 도파민이 샘솟습니다. 좋아하는 영상을 볼 때도 도파민이 생깁니다. 유튜브에서 쇼츠 폼이 인기를 끌게 된 이유와도 상통합니다. 자극적인 콘텐츠, 기대 이상의 콘텐츠를 접할 때 발생하는 도파민에 사회가 취해 있습니다. 저도 영국의 프로축구리그인 프리미어리그와 토트넘 팀의 쇼츠를 즐겨 봅니다. 1분 안에 골이 터지는 장면을 계속 보다 보면 짜릿한 맛에 중단하기가 어려워집니다. 정치 콘텐츠도 1분 안에 뭔가 짜릿함을 느끼게 해 줘야 하는 상황이 되고 있습니다.

나아가서는 콘텐츠를 생산하는 유튜버도 선명성을 강요받는 상황이 됐습니다. 가령 제가 '아침부터 옳은소리'에서 복지 예산을 어떻게 증액할지를 논의해야 한다고 이야기하고 있으면, 도중에 대뜸 '탄핵에 찬성합니까, 아닙니까?'라는 댓글이 올라옵니다. 탄핵 찬반에는 도파민이 있지만, 복지 예산에는 도파민이 없기 때문입니다. 아직 탄핵의 구성 요건이 갖춰지지 않았으니 탄핵은 시기상조라고 잘 설명해 드려도 '저 사람은 탄핵에 반대하네.'라며 탄핵 반대자 리스트에 제 이름을 올려 버립니다.

유튜브 알고리즘이 조장한 극단적인 정치 문화를 개선해야 합니다. 정치인의 역할이 중요합니다. 보좌관 출신인 저는 기재부가 짜는 예산안에서 그들의 '기업을 향한 애정'을 발견하면 그 순간 도파민의 분비를 느낍니다. 그런 문제를 바로잡기 위해 해당 예산의 부당함을 설명하고 시민들이 그 이유를 이해할 수 있도록 노력할 책임은 정치인에게 있습니다.

정치 관련 양질의 콘텐츠를 제공할 만한 전문가와 정당 전문위원은 이미 당내에 많이 있습니다. 하지만 아무리 내용이 좋다고 한들 학자들이 이론적 근거를 들어가며 어려운 주제를 다루는 영상을 볼 사람은 아무도 없습니다. ==내용도 챙기고 재미도 찾을 수 있도록 적절하게 타협해서 시청자들, 그러니까 지지자들과 당원들이 볼 만한 콘텐츠를 만드는 일은 정치인과 당의 몫이라고 생각합니다.==

소셜 미디어를 어떻게
정치에 활용할 수 있을까요?

　　　　　　　　　　유튜브 콘텐츠의 극단화가 현실의 진영 갈등으로 비화하고, 현실의 갈등을 다시 유튜브 콘텐츠화하는 비즈니스 모델을 시청자 개개인이 당해 낼 재간이 없습니다. 소셜 미디어는 더 발전할 겁니다. 부정하지만 말고 받아들이고 활용해야 합니다. 더불어민주당으로서는 어떻게 유튜브 알고리즘을 이겨내고 지지자를 잘 모을 수 있을지에 대한 고민이 필요합니다. 더불어민주당의 주장을 어떻게 하면 더 올바른 경로로 잘 전달할 수 있을지 연구해야 합니다.

1 ▶ 깨어 있는 시민의 역사

정치에는 다양한 주체가 관여합니다. 언론, 관료, 기업인, 노조는 나름의 방식을 통해 정치 일선에 플레이어로 참여합니다. 반면, 유권자는 투표권이 있다지만 선거 외에 정치에 참여할 창구가 마땅치 않은 것이 사실입니다. 유권자에게만 굳게 닫힌 정치의 문을 열어야 합니다.

유권자의 참여를 위해서는 어떻게 해야 할까요? 저는 "민주주의의 최후 보루는 깨어 있는 시민의 조직된 힘"이라는 노무현 대통령의 격언이 가장 먼저 떠올랐습니다. 지금도 당원들과 지지자분들께서는 유튜브를 시청하거나 각종 공론장에 참여하는 등 각자 깨어 있는 시민이 되기 위해 분투하고 있습니다. 이제는 정당이 나서야 한다고 봅니다.

우리나라 국민 대다수는 공교육을 거칩니다. 학교라는 공공기관에서 교과목 수업을 듣고 또래 집단과 함께 생활하는 법을 익히며 사회 구성원으로 양성됩니다. 지금은 달라졌지만, 예전에는 토론 등과 같은 비판적 사고를 기르는 과정이 정규 교육과정에 제대로 포함돼 있지 않아서 정치 참여에 필요한 소양을 공교육을 통해 습득하기가 쉽지 않았습니다. 우리나라의 일그러진 정치 현실을 인식하는 과정은 공교육 바깥의 영역에서 이뤄지곤 했습니다.

1980년대에는 5·18 민주항쟁을 계기로 많은 호남인이 깨어났습니다. 당시 보안사령관이었던 전두환은 군대를 동원한 국가폭력으로 국민을 학살했지만, 아무 책임도 지지 않았고 되레 대통령이 됐습니다. 호남인들로서는 정치적으로 조직되지 않으면 다시금 국가권력에 희생될 수 있다는 위기감을 실존적 체험으로 알게 된 겁니다. 공포와 긴장을 통해 깨어난 호남인들이 김대중이라는 정치인을 중심으로 결집해 오랜 기간 민주당 계열을 지탱해 온 것이 사실입니다.

이후에는 인터넷이 보급되고 온라인 게시판을 중심으로 토론 문화가 활성화되면서 깨어 있는 시민이 출현합니다. 대표적인 그룹이 노사모입니다. 저 또한 LA 노사모의 일원으로 활동하면서 게시물을 쓰고 댓글을 달고 밤새 의견을 주고받으면서 여러모로 깨우쳤습니다. 공항에 나가 서울로 귀국하는 분들을 대상으로 노무현이라는 인물을 소개하는 팸플릿을 나눠 드리기도 했고요. 그렇게 온라인 게시판으로 연결된 네티즌들이 일군의 깨어 있는 시민으로 자리 잡았습니다.

이렇게 정치적으로 각성한 시민들이 민주당에 들어오려 했던 그 시기에는 진입장벽이 너무 높았습니다. 일단 민주당의 호남 비중이 절대적이었기 때문에 호남 출신이 아닌 사람들에게는 민주당에 대한 심리적 거부감도 존재했습니다. 민주당의 체질을 바꾸려 해도 애당초 호남 출신이 아닌 사람이 스며들기가 쉽지 않은 구조였습니다. 저는 1999년 새정치국민회의 서울 동대문을 지역위원회에서 근무했는데, 조직부장부터 청년부장까지 모두 호남 사람이었습니다. 딱히 배척하지는 않았는데 전부 호남 사람들로 당직자가 채워져 있다 보니 다른 사람의 접근이 어려웠습니다.

2012년 대선 때도 민주당은 본 캠프와는 별도로 시민사회 인사들이 주로 참여하는 '담쟁이캠프'를 구성했습니다. 캠프에 참여하되 민주당에 몸담을 생각이 없다거나, 정당 중심의 정치 활동에 참여하는 데 대한 심리적 거부감이 있는 사람들을 포괄하기 위해서였습니다. 그러다 20대 국회에서 최민희 의원이 발의한 정당법 개정안이 통과돼 모바일 당원 가입이 가능해지자 비로소 수도권 등 비교적 다양한 지역에서 당원이 유입됐습니다. '종이로 된 입당원서를 작성해서 지구당에 가져다 내는' 절차가 모바일로 바뀌니 당원의 숫자는 당연히 폭발적으로 늘 수밖에 없었습니다.

노사모를 비롯한 게시판 중심의 온라인 조직에도 진입장벽이 있기는 마찬가지였습니다. 추천 수와 조회 수를 중요시하다 보니 글 잘 쓰고 말 잘하는 사람들 위주로 커뮤니티가 구성됐어요. 그뿐만 아니라, 지역마다 별도 조직으로 운영됐기 때문에 생각보다 교류와 소통이 활발하지 못했다는 문제도 있었습니다. 예를 들어 저도 월드 노사모 등 LA 노사모에서는 열심히 활동했습니다만, 한국 노사모와는 교류가 잘 안되는 편이었습니다.

==이제는 진입장벽을 낮추고 시민이 정치에 참여하는 방식을 바꿔야 할 시기라고 생각합니다.== 지금껏 시민들의 정치적 각성

은 군부독재의 억압에 맞서거나 자발적으로 조직하는 방식으로 이뤄졌습니다. 정당 정치가 안착한 지금은 정당이 그 역할을 해야 합니다. 유튜브를 비롯한 SNS 채널을 통해 깨어 있는 시민을 양성해야 합니다. 단순히 당원들이 유튜브를 많이 보니 유튜브에 영상을 많이 올리자는 이야기가 아닙니다. 당 차원에서 유튜버들을 관리하고 독자적인 콘텐츠 제작으로 지지자들과 소통할 수 있는 창구를 마련하자는 겁니다.

다만, SNS를 활용하기에 앞서 소수의 주장이 다수의 의견을 과잉 대표하는 SNS의 특성을 주의해야 합니다. '아침부터 옳은 소리' 라이브 방송의 동시접속자가 3,000여 명이 넘을 때도 있는데, 그중 실시간 채팅에 참여하는 사람은 100명이 채 되지 않습니다. 유튜브 댓글이 주류의 목소리 같지만, 사실 전체의 3%에 불과한 의견이라는 거죠. 댓글이 전체 여론을 반영하지 않을 수도 있습니다. 댓글로 대중과 소통할 수 있다는 착각을 버려야 합니다.

물론 댓글을 아예 무시하자는 말은 아닙니다. 모바일 시대로 넘어오면서부터 댓글은 여론에 영향을 미치는 중요한 요인으로 작용하고 있습니다. 네이버나 다음 같은 포털 뉴스에서도 댓글을 먼저 찾아보는 분이 많습니다. 하지만 일부 댓글의 작성자 중에는 댓글 총수가 3만 개를 훌쩍 넘긴 사람도 많습니다. 포털 뉴스의 댓글도 상위 0.31%에 드는 극소수의 이용자가 작성한다는 점을 알아 두셔야 해요.* 댓글이 반드시 전체 여론을 대표할 수 없다는 말이죠. 이런 문제를 참작해서 SNS를 소통 수단으로 이용할 적절한 방법을 찾아봐야 한다는 겁니다.

2 ▶ 여론을 보는 눈

여론조사는 수치보다는 추이가 더 중요합니다. 일부 여론조사에서는 국민 과반이 더불어민주당을 지지한다는 결과가 나오기도 합니다. 사실 몇 %의 지지를 받았는지보다 그래프의 등락이 어떤지에 더 주목해야 합니다. 한편, 여론조사에 나타나지 않는 여론을 파악하는 일도 여론조사 못지않게 중요합니다. 응답률 10%를 넘는 여론조사를 찾아보기가 어렵고, 일부 국민은 여론조사에 아예 응하질 않습니다. 여론이라 대표되는 구호와 실제 국민이 원하는 바는 다를 수 있습니다. 그러므로 정치인에게는 유권자의 절대다수를 차지하는 소위 '말하지 않는 국민'이 어떤 생각을 하고 있는지 알아내는 능력이 필요합니다.

제가 출마하려고 하는 경기 고양갑 지역을 사례로 들어 보겠습니다. 제가 제 휴대폰 전화번호를 공개하자 많은 분이 연락을

---

* 김나래, "[데스크시각] 댓글이 진짜 여론일까", 〈국민일보〉, (2022.4.27.), https://m.kmib.co.kr/view.asp?arcid=0924242711

주셔서 카카오톡으로 친구를 많이 맺었습니다. 그냥 번호를 수집하기 위해서가 아니고 정치연구소 와이에서 했던 주관식 설문조사로 다양한 시민의 의견을 듣기 위해서였습니다. 그렇게 연결된 고양시 거주자 1,000여 분을 포함한 1,500여 분에게 주관식 설문조사를 돌렸는데, 지역 유권자의 압도적 다수가 해결이 시급한 지역 현안으로 교통 문제를 뽑았습니다. 재건축, 재개발 등의 이슈가 더 크지 않을까 생각했는데, 실제 동네 주민들은 교통 인프라 확충을 더 중요하게 생각하고 있었습니다. 이렇게 지역 여론을 파악하고 나니 고양갑 지역구의 정치인으로서 재개발 문제뿐 아니라 교통 문제에도 신경을 쓸 수 있게 됐습니다.

이 외의 다양한 방법을 통해서라도 정치인은 숨은 여론을 듣기 위해 노력해야 합니다. 다양한 유권자의 이야기를 경청하고 여론을 종합해야 합니다. 이를 바탕으로 정치적 판단을 내리고 사안을 어떻게 풀어갈지 결정해야 합니다. 나아가서는 SNS를 통해 홍보하며 다시 대중을 설득하는 과정을 거쳐야 할 겁니다. 그래야 깨어 있는 시민들의 목소리를 듣고 진정으로 소통하는 정치인이라고 생각합니다.

그렇다면 깨어 있는 시민의 조직된 힘으로 정치를 움직여야 한다는 주장을 어떻게 현실화할 수 있을까요? 신영복 선생은 본인의 저작 《담론》*에서 이를 가축 품평회에 비유해서 설명

---

* 신영복, 《담론》, 돌베개, 2015.

합니다. 우생학자 골턴이 여행 중 방문한 품평회에서 소의 무게를 알아맞히는 대회가 열렸는데, 누구는 1,000kg, 다른 누구는 900kg, 또 다른 누구는 1,500kg이라고 주장했다고 해요. 이렇게 각자의 의견에는 오차가 있었지만, 예측치를 모두 더해 평균을 내 보니 실제 무게에 수렴했다고 합니다. 집단지성이 작용한다는 사실을 보여 주는 대표적인 사례인 거죠.

집단지성이 실제로 형성되기 위해서는 독립적인 개인의 생각이 함께 모였을 때 가능하다는 생각을 요즘 들어 많이 합니다. 다른 변수가 개입하더라도 결과가 같았을까요? 가령 누군가가 초대형 스피커가 달린 1톤 트럭을 타고 와서 "저 소는 무조건 1,500kg이 넘는다."라고 소리치거나 "원래 900kg인데 축산협회장인 사촌과 담합해 속여 팔고 있다."라고 거짓된 의혹을 퍼뜨리면 어떻게 될까요? 집단지성을 발휘하던 사람들이라도 의혹에 쉽게 휩쓸리거나 스피커 소리에만 귀를 기울이기 마련입니다. 집단지성은 사라지고 진영이 갈라집니다. 결국 누가 진실한 사람인지 추려내는 작업에 나서게 됩니다. 이 과정에서 나름의 진실성 테스트를 통과한 사람은 맹목적인 믿음의 대상이 돼 버립니다.

집단지성을 폄훼하려는 의도는 없습니다. 다만, 지금 우리 사회에서 유사한 일이 벌어지고 있기 때문에 주의를 기울일 필요가 있다는 말을 하고 싶었습니다. 유튜브에서는 유튜버들의 목소리가 지지자 전체의 의견으로 과잉 대표되는 경향이 있다고 봅니다. 이를 진짜 여론이라고 여기면 안 됩니다. ==유권자들은 깨어 있는 시민이 될 수 있도록 큰 스피커에 휩쓸리지 않아야 하고, 정치인들은 유튜브에서 제기되는 주장들이 실제 유권자들의 목소리인지 면밀하게 살펴봐야 합니다.== 적정한 선에서 SNS를 활용할 수 있도록 거듭 방법을 고안해야 한다고 생각합니다.

3 ▶ 이제 유튜브 정치다

과거에는 많은 정치인이 저녁에 기자들과 만나 술을 마셨습니다. 조금이라도 편안한 자리에서 중요한 정보를 주고받기 위해서였죠. 신뢰 관계에 따라 차등적으로 정보를 제공하기도 했는데, 이런 모습 자체가 좋고 나쁨을 떠나서 정치와 언론의 관계가 그렇게 정립돼 있었습니다. 정치인이 국민에게 자기 말을 전할 수 있는 창구가 언론 이외에 마땅히 없었거든요.

이제는 이 기능이 유튜브로 옮겨오고 있습니다. 언론인 대신 유튜버가 정치인과 만나 이런저런 이야기를 나눕니다. 차이점이 있다면 언론사는 취재원으로 삼는 정치인이 아주 다양하다는 점입니다. 언론사마다 여러 기자가 있고, 기자마다 접촉하는 정치인이 다릅니다. 언론사의 데스크는 기자들이 가져온 다양한 정보를 취합해 나름대로 얼개를 짜 볼 수 있습니다. 정치부장이 기자들의 다양한 취재 내용과 소문 중 옥석을 가려서 사실관계를 추려냅니다.

반면, 유튜버들은 언론사가 내부적으로 운영하는 데스킹 시스템을 꾸리기가 어렵습니다. 데스킹이라고 하면 "이거 진짜야? 입증할 수 있어?"라고 끊임없이 묻는 잔소리 많은 선배를 떠올리면 됩니다. 지금 잘 알려진 유튜버들도 친한 정치인의 폭이 넓지는 않습니다. 어느 당이나 마찬가지입니다. 몇 안 되는 정치인이 제공하는 정보만으로 유튜버들이 사실관계를 전하다 보니 내용이 편향될 수 있습니다. 정치인의 주장에는 정치적 의도가 숨어 있는데 이를 가려내지 못하게 됩니다.

또한 일종의 닫힌 순환 구조가 만들어지는 셈인데, 정치인은 본인에게 유리한 이야기를 해 주는 유튜버에게 더 많은 정보를 주고, 유튜버들은 특정 정치인에게 일방적으로 들은 정보를 시청자들에게 다시 전달하게 됩니다. 이러면 대중에게 균형감 있는 정보를 제공하는지를 검증하기가 어렵습니다.

이런 문제를 고려해서 당과 당원이 유튜브라는 새로운 미디어 플랫폼에 적응해야 합니다. 유튜브를 통해 정보를 얻는 대중이 잘못이라는 식으로는 어떤 문제도 해결할 수 없습니다. 대중은 가르칠 대상이 아닙니다. "개딸들이 극단적인 유튜브를 본다."라며 그저 "틀렸다.", "잘못됐다."라고 주장하기만 하면 아무것도 해결할 수 없습니다. 사실도 아니고요. 옛날처럼 기자와 만나 정보를 주고받는 것만으로는 대중을 움직일 수 있을 만큼의 설득력을 만들어 내기에 부족합니다. 정치인들이 정치 환경이 변했다는 사실을 받아들여야 합니다. 정당이 충분한 정보와 교육을 제공하지 않고 있으니 이러나저러나 유튜브를 통해 정보를 접하는 분들은 계속 유튜브를 볼 테고, 유튜브를 통해 정치를 배워 갈 겁니다.

더불어민주당 의원들이 지지자들을 비판할 만큼 유튜브를 적극적으로 잘 활용하지도 못합니다. 현재 더불어민주당은 홈페이지에 영상을 올려놓고 현장 중계를 하는 수준으로밖에 유튜브를 활용하지 않고 있습니다. 당원들이 흥미를 느낄 리가 없습니다. 지지자들과 당원들은 자연스럽게 더불어민주당이 내놓은 영상 대신 대중적으로 인기를 끌고 있는 유튜버들의 영상을 찾게 되죠. 따라서 유튜브 알고리즘이 내놓는 극단적인 정치 선전에 쉽게 노출될 확률도 높아집니다.

유튜브를 적극적으로 활용한다는 정치인들 역시 권리당원들이 유튜브를 많이 보니까 출연해서 이름을 알려 보겠다는 정도로만 생각하는 양 보입니다. 그러다 보니 자신을 초대한 유튜버가 듣고 싶어 하는 이야기를 대중에게 강조해 전달하는 역할에 그치고 있죠. 정책을 설명하기보다는 네 편, 내 편을 갈라 증오심을 부추기는 쪽에 가깝습니다. 이해시키기 쉽고 말하기도 쉬우니 굳이 공들일 필요도 없죠. 계속 이런 식이라면 편향은 심해지고 문제 해결과는 거리가 멀어집니다.

정보 수용자 못지않게 정보 공급자가 중요하다는 사실을 알아야 합니다. 대중을 비판하기에 앞서 유튜브를 통해 어떻게 제대로 된 정보를 제공할지를 진지하게 고민해야 한다고 생각합니다. 가령 '아침부터 옳은소리'에서 진행하는 즉문즉답 코너처럼 지지층과의 소통을 위해 라이브 채팅을 활성화하는 방안도 고려할 수 있습니다. 양질의 콘텐츠를 제공하고 자정 작용을 하기 위해 어떤 시스템을 고안해 내야 할지 더불어민주당의 정치인들은 고민해 봐야 합니다.

4 ▶ 더불어민주당 MCN을 만들자

더불어민주당은 급변하는 미디어 환경에 발 빠르게 적응해야 한다고 생각합니다. 신문과 포털 뉴스가 저물고 유튜브가 각광받는 지금, 유튜브를 통해 대중과 적극적으로 소통할 필요가 있습니다. 멀티채널 네트워크^{MCN, Multi-Channel Network}라는 개념이 있습니다. 일종의 유튜브 채널 기획사라고 할 수 있는데, 대표적인

MCN으로는 샌드박스*가 있죠. 곽튜브, 도티, 빠니보틀, 침착맨 등 여러 유명 유튜버가 모두 샌드박스 소속이에요. MCN은 소속 유튜버들에게 스튜디오 대여 등과 같은 물적 제공을 하고, 유튜브 내용을 분석해서 구독자를 늘리는 방법 등을 제안해 주기도 합니다. 그뿐만 아니라, 소속 유튜버들의 합동방송을 주선해서 유튜브 채널의 볼륨을 키워 갈 수 있도록 도와주죠.

더불어민주당에도 MCN 역할이 필요합니다. 유튜브라는 신생 플랫폼이 익숙하지 않아서 잘 알려지지 않았을 뿐, 상당히 좋은 콘텐츠를 보유한 국회의원이 많습니다. 검찰 개혁, 언론 개혁뿐만 아니라 지금 더불어민주당이 해결해야 할 과제를 묵묵하게 수행하고 있는 수많은 정치인이 주목받을 수 있도록 도와줘야 합니다. 보도자료를 배포하거나 기자들과 어울리는 것은 옛날 방식입니다. 유튜브라는 새롭고 광활한 시장이 있는데 과거의 방식에만 머물러 있으면 안 됩니다.

이는 22대 국회가 구성되면 좀 더 집중적으로 들여다볼 문제라고 생각합니다. 더불어민주당은 여러 의원의 다양한 견해와 주장을 포용하고, 이를 당원들과 유권자들에게 안내해 줄 수 있어야 합니다. 지금까지는 유튜브 환경에 대한 더불어민주당의 조직적 대응이 더뎠습니다. 지지층이 유튜브를 찾는 만큼 더불

---

* 2014년 설립된 대한민국 디지털 엔터테인먼트 기업

어민주당도 발 빠르게 당원들과 접촉하고 의견을 호소할 창구를 만들어야 합니다. 단순히 출연 빈도를 늘리는 것을 넘어 유튜브 환경에 맞춘 다양한 차원의 조직적인 대응이 필요합니다. 그렇게 깨어 있는 시민을 조직해 가는 과정이 노무현 대통령이 걸었던 길이라고 생각합니다.

2부
알아 두면 쓸모 있는 정치 상식

• LIVE

▶ 공천은 누가 받을까? 국회의원은 평소 어떤 일을 할까? 계속 낙선하는데도 출마하는 만년 후보의 심리는 뭘까? 제3정당은 왜 매번 총선마다 등장할까? 정치 뉴스를 접하다 보면 궁금한 점이 한두 개가 아닐 겁니다. 알고는 싶지만 마땅히 알려 주는 사람도 없습니다. 2부에서는 누구도 가르쳐 주지 않는 여의도 뒷이야기를 소개하고자 합니다. 알아 두면 '쓸모 있다'고는 생각하지만, 판단은 독자 여러분의 몫입니다.

• 2부 알아 두면 쓸모 있는 정치 상식

어떻게 해야 공천을 받아 국회의원이 될 수 있나요?

총선이 다가오면서 공천에 관한 관심이 높아지고 있습니다. "인사가 만사"라는 말처럼 공천은 정당의 정체성과 비전을 드러내는 지표이기도 합니다. 하지만 공천 과정에 관해서는 제대로 알려진 바가 잘 없습니다. 이번 장에서는 그간 잘 알려지지 않았던 국회의원 공천 과정에 관해 알아보고, 어떤 사람이 주로 국회의원이 되는지 이야기해 보려 합니다.

1 ▶ 각 정당의 인재 영입 경로

민주개혁 진영 정당과 보수 진영 정당의 인재 영입 경로는 상당히 다릅니다. 보수 정당의 영입 인사는 아무래도 관료층이 많았습니다. 쿠데타로 정권을 쥔 군인 출신 독재자들이 국정에 관해 얼마나 잘 알았겠습니까? 그러다 보니 실질적인 나라 운영은 행정고시를 통과한 관료들이 책임져 왔습니다. 그리고 이들이 국장급 이상이 되면 스카우트해서 국회에 진출시키는 것이 보수 진영 정당의 통상적인 인력 충원 방식이었습니다. 한편, 지역주의가 팽배했던 탓에 보수 정당은 영남 지역에 인재 수급을 기대는 측면이 컸습니다. 관료 중에 유독 영남 출신이 많았던 점도 한몫을 했습니다. 그렇게 영남 출신의 행정부 관료가 입법부에 들어가면 행정부와 한 식구처럼 유착해 나라를 운영해 왔습니다.

반면, 민주개혁 진영 정당은 최근 30년 동안 시민사회활동가들과 운동권 출신 인사들이 주요 영입 대상이었습니다. 군부독재에 맞서 노동운동을 하거나 학생운동을 했던 인사들입니다. 더불어 인권변호사나 각종 직능의 대표들을 영입하는 방식으로도 인재를 보충하곤 했습니다. 지역적으로는 익히 아시다시피 민주당은 호남을 정치적 기반으로 두고 있었습니다. 그래서 출신 지역이 호남인 관료들은 주로 민주당의 영입 대상이 되곤 했습니다. 경험적으로 민주당에서 가장 보수적 색채가 강한 인사들은 호남 출신의 관료인 경우가 많았습니다.

정당이 인재를 영입하는 주요 경로에 지역주의가 영향을 미쳤다는 점은 상당히 아쉬운 대목입니다. 관료로 일하며 보수적 성향이 체화된 사람도 고향이 호남이면 민주당에 영입됐다는 말이기 때문입니다. 물론 아닌 분도 많이 있었지만, 지역의 정치색에 기대서 자연스레 민주당을 택한 분이 더 많았습니다. 새정치민주연합 당시 안철수 의원과 함께 호남 출신 의원들이 대거 이탈했을 때 민주당은 오히려 진보적 정체성을 확립하는 모습을 보여 줬는데, 이 역시 그저 출신 지역이 호남이어서 민주당 당적을 달았던 보수적 색채의 의원들이 이탈했기 때문이라고 해석하기도 합니다.

2 ▶ 해외의 정치 입문 경로

그렇다면 오랜 기간에 걸쳐 민주주의가 공고해진 다른 국가에서는 어떻게 정치에 입문할까요? 대부분의 정치 선진국에서는 어린 나이부터 정치를 시작해 20대, 30대를 지나며 검증을 받습니다. 그런 과정을 거쳐 30대 중반에 중앙정치에 뛰어들거나 40대에 총리가 되는 사람이 나오기도 합니다. 독일에서는 숄츠 총리와 슈뢰더 총리가 각각 17세와 18세에 사회민주당에 입당했습니다. 동독 출신인 메르켈 총리가 16세에 공산당에 입당했고, 콜 총리가 18세에 기독교민주당에 입당했죠. 브란트 총리도 17세에 사회민주당에 입당했습니다.[*] 물론 메르켈 총리는 한동안 물

---

* 김종인, 《독일은 어떻게 1등 국가가 되었나》, 오늘산책, 2023.

리학자로 경력을 쌓았기에 다소 예외인 사례지만, 앞서 언급한 인물들은 대체로 정치인이라는 직업을 위해 성인이 되기 전부터 정당 활동을 시작했습니다. 바닥부터 다지고 차근차근 커리어를 밟아 올라온 거죠.

정치뿐 아니라 다른 영역도 마찬가지라는 생각이 듭니다. 미국 언론계만 하더라도 기자가 되려는 사람은 일반적으로 대학을 졸업하고 지역 언론사에서 기자 생활을 시작합니다. 그리고 지역 언론에서 역량이 검증된 경력직 기자를 〈워싱턴포스트〉, 〈뉴욕타임스〉 등과 같은 메이저 언론사가 스카우트하는 구조입니다. 반면, 우리나라에서는 좋은 대학 나와서 소위 '언론고시'라고 불릴 정도로 어려운 시험을 통과해 단박에 메이저 언론사를 들어가야 기자 대우를 해 주는 실정입니다.

3 ▶ 고시=과거제도?

우리나라는 행정고시나 사법고시를 옛날의 과거시험과 등치해서 보는 경향이 있습니다. 급제한 사람들에게 한자리씩 줘야 한다는 인식이 사회 전반에 깔려 있기도 하고, 실제로 어린 시절에 시험을 잘 봤다는 이력만으로 이후 사회를 살아가는 데 큰 이득을 보는 것이 현실입니다. 단적으로 공무원의 사례만 보더라도

9급으로 들어가면 6급 정년, 7급으로 들어가면 4급 정년 은퇴가 보편적이지만, 1급 공무원 자리는 대개 행정고시를 통과한 5급 사무관 출신에게만 허용되죠. 9급 공무원으로 임용된 사람은 1급까지 갈 엄두도 내지 못합니다.

삼성이나 현대차 같은 대기업에서는 선발 방식에 따라 진급 상한을 걸어 두지 않습니다. 대부분 사원으로 시작해서 일 잘하면 승진하고, 40대에 차장·부장을 거쳐서 임원이 되는 것이 일반적인 경로입니다. 그런데 관료 사회만 독특하게 행정고시와 사법고시라는 고난도 시험으로 장벽을 세워 진입 경로를 막아 놨습니다.

그러다 보니 관직을 대하는 양상이 마치 지주가 지대를 추구하는 것처럼 변질됐습니다. 땅이 있으면 일하지 않아도 땅값을 받을 수 있듯이 관료도 고시 합격이라는 타이틀만 거머쥐면 어느 정도까지는 승진을 자동으로 할 수 있게 된 거죠. 그래서 우리나라의 공무원 사회는 다양한 입직 경로를 통해 발생하는 조직 내부의 긴장과 경쟁이 부족합니다. 끼리끼리 어울려서 역동성을 기대하기 어렵다는 구조적인 문제도 생깁니다.

정치권에도 고시 출신 엘리트를 높게 쳐주고 풀뿌리 민주주의를 실천해 온 정치인을 무시하는 풍토가 만연합니다. 꼬리표를 붙이는 방식으로 말입니다. 대표적인 사례가 김두관 의원입니다. 김 의원은 동아대 정치외교학과를 졸업하고 29세의 나이에 경남 남해군 고현면 이어리에서 이장으로 정치 경력을 시작했습니다. 그러다 37세에는 남해군수에 도전해 최연소 군수가 됐습니다. 지역주의가 확고했던 시기였기에 무소속으로 당선되기란 쉬운 일이 아니었습니다. 이후 경남지사와 행정자치부 장관, 국회의원 등을 두루 거쳤습니다. 말 그대로 훌륭하게 뿌리부터 다지며 정치 커리어를 쌓아왔지만, 김두관 의원에게는 여전히 '이장 출신'이라는 경력이 주홍글씨처럼 따라다닙니다. 부정적인 의미에서 "저 사람 이장 출신이야."라는 말을 서슴없이 주고받습니다. 사법고시를 통과해서 변호사, 판·검사 타이틀을 딴 사람들과 비교했을 때는 변변찮은 경력이라는 거죠. 폐쇄적인 엘리트 양성 시스템 때문에 풀뿌리 민주주의가 얼마나 우습게 취급받고 있는지를 보여 주는 대목입니다.

물론 다행히도 최근 들어 김영배, 김성환 의원 등 여러 기초자치단체장 출신 정치인이 국회로 들어와 활약하면서 편견이 많이 줄어들고 있습니다. 하지만 여전히 정치권에서는 기초단체부터 차근차근 내실을 다져 왔다는 이력이 큰 도움이 안 되는 것이 사실입니다. 그보다는 변호사, 검사, 행정고시 출신 고위 관료 등의 타이틀이 우선이죠. 이런 문화가 계속되면 청년층이 정치에 진입하기가 더욱 어려워질 겁니다. 지역 또는 정당에서 출발하는 신인 정치인들이 성장할 수 있도록 길을 열어 주고 끌어 주고 당겨 줘야 합니다.

4 ▶ 어떤 사람이 공천을 받았을까

정당이 당대표가 아니라 총재에 의해 지배되던 시절*에는 총재의 측근이 주로 공천을 받았습니다. 김대중 대통령의 측근 중 그렇게 국회에 입성했던 대표적인 인물이 권노갑 의원과 한화갑 의원이죠. 현재 민주당 상임고문을 22년째 역임하고 있는 대표적인 원로인 권노갑 의원은 1930년에 경북 안동에서 태어났지만, 목포에서 자란 목포상고 출신입니다. 권 의원은 김대중 대통령의 비서로 최측근이었습니다. 그렇게 재야에 있다가 1988년 총선을 통해 국회의원이 됐습니다.

1939년 전남 신안군 흑산면 태생인 한화갑 고문 역시 김대중 대통령의 비서 출신입니다. 서울대 외교학과를 졸업해서 동교동 안에서도 엘리트로 손꼽히던 분입니다. 그러다 1992년과 1996년 총선에서 내리 당선되며 새정치국민회의에서 현재 원내대표 격인 원내총무와 사무총장을 역임하는 등 당내에서 상당히 핵심적인 역할을 맡았습니다. 이렇듯 김대중 총재 시절에는 사실상 가신이 정치적 자원을 독점하는 구조였습니다. 그중에서 권노갑과 한화갑 둘 사이의 경쟁을 통해 세를 키워 갔던 것이 김대중 대통령 정치의 일부였습니다.

---

* 1980년대부터 대통령들은 총재직을 겸하며 당무에 개입함. 2000년대 들어 노무현 대통령이 당정분리를 선언한 후 총재직은 양당에서 자취를 감춤.

이런 가신 정치에는 총재가 퇴장하면 같이 퇴장할 수밖에 없다는 치명적인 단점이 있었습니다. 한화갑 고문은 정치적으로 재기하기 위해 2002년 대선에 도전했지만, 광주 경선에서 시민들이 노무현 대통령을 선택하면서 사실상 정치생명이 끝났습니다. 권노갑 고문 또한 DJ의 은퇴에 맞춰 정계에서 은퇴했습니다.

물론 권노갑과 한화갑 같은 측근이 아닌데도 공천을 받은 사람들이 있습니다. 천신정이라고 묶여 불리던 천정배, 신기남, 정동영 의원이 그랬습니다. 이들은 새천년민주당 내 소장개혁파로 혁신의 바람을 일으킨 사람들이기도 하죠. 천정배 의원은 목포가 낳은 3대 천재 중 한 명으로 유명했고, 정동영 의원은 MBC 뉴스 앵커 출신으로 이름을 날린 분이었습니다. 요즘처럼 개인방송이 범람하지 않던 시절에 MBC나 KBS 같은 지상파 방송의 뉴스데스크 진행자는 전 국민이 알아볼 만큼 인지도가 높았습니다. 당시 90%를 웃돌던 김대중 대통령의 호남 지지율보다 높은 득표율을 기록할 만큼 기세가 대단했습니다.

5 ▶ DJ의 젊은 피 수혈

386세대가 본격적으로 정치권에 입문하게 된 계기는 김대중 대통령이 젊은 피를 수혈하기 위해 시도했던 운동권 출신들의 영입이었습니다. 당시 민주당의 개혁을 꾀했던 김 대통령은 승산 높은 지역구를 꿰차고 있던 3·4선의 현역 의원들을 서울 강남 등의 험지로 옮겨서 출마하게 하고, 그 자리에 386세대를 대거 공천했습니다. 그렇게 원내에 진입한 386세대는 실제 세대교체를 통해 민주당의 체질을 개선하는 데 많이 기여했습니다.

386세대의 등장에는 긍정적인 측면만 있던 것은 아니었습니다. 386세대 정치인 다수는 젊은 나이 탓에 독자적인 세력을 구축하기가 어려웠기에 덩치 큰 정치인의 그늘에서 자라는 편을 택했습니다. 그렇게 발전한 대표적인 계파가 정세균계와 민청련 중심의 김근태계입니다. 두 정치인의 공적과는 별개로 계파 정치를 타파하려고 386세대를 공천했던 김대중 대통령의 본래 취지와 다르게 386세대는 단일한 민주화 세력으로 단단하게 뭉치는 데는 성공하지 못했습니다.

386세대가 자신들을 스스로 그렇게 규정했는지, 아니면 보수 진영이 노무현을 중심으로 한 진보 진영을 공격하기 위해 만든 용어인지 확실하지는 않지만, 지금 생각해 보면 386세대라는 말 자체도 발칙한 면이 있습니다. 30대로 80년대에 대학에 다녔고 60년대에 태어난 코호트*를 일컫는 386세대는 용어 자체부터 대학에 다녔다는 사실을 전제합니다. 하지만 당시 대학 진학

---

* 특정한 기간에 태어나거나 결혼한 사람들의 집단과 같이 통계상의 인자因子를 공유하는 집단

률은 20~30%대에 불과했죠.* 인구의 절반 이상이 대학에 가지 못했던 시절, '몇 학번'으로 정체성을 규정하는 일이 바람직했는지는 잘 모르겠습니다.

아울러 좋은 대학에 다니는 자신이 희생해서 민주화에 기여했다는 생각에는 계몽적인 우월감도 내포돼 있었다고 생각합니다. 87년 민주항쟁도 운동권 학생들이 일궈낸 결과라고만 생각하는 부작용도 있었고요. 그 때문에 지금까지도 더불어민주당이 고초를 겪고 있는 것 아니겠습니까? 더불어민주당은 20년 전 김대중 대통령이 개혁을 위해 영입했던, 개혁의 주체였던 386세대가 586이 되면서 오히려 개혁의 대상이 됐다는 사실을 냉정하게 마주해야 한다고 생각합니다.

6 ▶ 386세대 이후의 인재 영입

386세대는 본인들과 캐릭터가 비슷한 제너럴리스트를 원하지 않았습니다. 정무적 판단은 본인들이 더 잘할 수 있다는 거죠. 그러다 보니 386의 다음 세대에는 40대가 끝날 때까지 나이가 어리다고 밀리다가 50이 넘어서는 그 나이 먹도록 국회의원 한 번

---

* "내년 대학 진학률 24%선", 〈중앙일보〉, (1984.5.12.) https://www.joongang.co.kr/article/2098958#home

못 해 봤다고 밀린 사람이 부지기수입니다. 대신 386세대는 본인들과 겹치지 않는 비정치적인 캐릭터를 영입합니다. 소위 전문성을 갖춘 스페셜리스트나 특별한 스토리가 있는 인물들이죠.

하지만 정치는 사회에 존재하는 다양한 이해관계와 이해집단 간의 갈등을 조정하는 일이지 특정 전문가 집단을 대변하는 일이 아닙니다. 가령 국회의원 300명을 모두 사회 각 분야의 전문가로만 선출한다고 생각해 보세요. 우리나라의 수많은 직업군을 300명의 국회의원이 대변할 수 있을까요? 불가능합니다. 스페셜리스트를 뽑아 좋은 정치를 하겠다는 말에는 명백한 모순이 있습니다. 정치라는 영역은 해박한 지식을 바탕으로 전문가적 역량을 발휘한다고 해서 실제로 일이 되는 곳이 아닙니다.

가령 양향자 의원은 21대 총선에서 고졸 출신으로 삼성에서 상무를 했다는 이력을 배경으로 내세워 국회의원에 당선됐습니다. 물론 상고를 나와 대기업의 임원 자리에 오른 일은 개인사적으로 대단한 경력이 맞습니다. 하지만 양향자 의원의 스토리가 민주당에 어떤 이점이 됐을까요? 이에 대해 아무도 명확한 답을 주지 못했습니다.

양향자 의원은 당의 최고의원으로 출마한 뒤 한 언론사와의 인터뷰*에서 "삼성에서도 제게 이번에 최고위원으로 들어오면

---

* 박주용, "양향자·이동학·박우섭…더민주 전대 '흥행카드' 원외인사들", 〈뉴스토마토〉, (2016.8.2.) http://www.newstomato.com/ReadNews.aspx?no=677793

정말 좋겠다고 이야기했다."라고 발언한 적이 있습니다. 최고위원으로서 제1야당을 운영하겠다는 사람이 삼성과 그런 상의를 했다는 자체가 놀라운 일이었습니다.

양 의원은 결국 스토리도 전문성도 모두 제대로 쓰지 못하고 탈당했습니다. 이제는 제3신당을 창당한다고 합니다. 정당이 마땅히 갖춰야 할 기능이 작동하지 못한 결과라고 생각합니다. ==정당 내에서 정치를 할 만한 사람인지 거르고 걸러 인재를 추리고 육성하는 절차가 필요합니다.== 적어도 유권자에게 당당하게 내놓을 만한 후보를 기르고 가려내야 한다는 겁니다. "우리 이런 스토리가 있으니까 감동받고 찍어 주세요."라는 뻔한 레퍼토리는 인제 그만둘 때도 됐습니다.

7 ▶ 비례냐 지역구냐

비례대표로 출마할 생각이 있는 사람들은 출마 사실을 명확하게 밝히지는 않지만, 장기간에 걸쳐서 알음알음 소문을 내고 다닙니다. 인맥을 통해 특정 정당에 대한 자신의 선호를 내비치면서 존재감을 드러냅니다. 선거철이 되면 정당마다 비례대표 후보로 뽑을 만한 사람을 물색하곤 하는데, 이 레이더망에 걸려 영입 대상에 포함되려는 겁니다.

한편, 특정 분야의 전문가로서 본인의 전문성을 살려 비례대표 후보 공천 심사를 신청하는 사람도 있죠. 비례대표 후보는 당내 절차를 통해 선출합니다. 현재 더불어민주당은 당무위원회를 거쳐 중앙위원회의 순위투표로 비례대표 후보를 확정하게 돼 있습니다. 중앙위원회는 253개 지역위원회의 위원장과 국회의원과 광역자치단체장과 시도당위원장 등이 참여하는 정당 내 주요 의사결정 기구입니다. 중앙위원회에서 투표가 이뤄지기 전에는 각 후보에게 5분 스피치 기회가 주어지기도 하는데, 이 시간을 이용해 중앙위원회 위원들에게 자신을 어필할 수 있습니다.

2016년 20대 총선에서는 비례대표 지원자를 3개 블록으로 나눠서 심사하려 했습니다. 1번부터 10번까지 당선 안정권을 A그룹, 11번부터 20번까지 경합권을 B그룹, 21번 이후 순번을 C그룹으로 묶었죠. 투표로 뒤집을 수 없도록 제약을 걸어 둔 거예요. 그런데 특정 후보에 대해 "문재인 대표가 밀고 있다.", "김종인 비대위원장의 추천을 받았다."라는 등의 소문이 유포됐습니다. 불공정 시비가 붙는 순간 손혜원 홍보위원장이 김종인 위원장과 문재인 대표에게 직접 전화를 걸었습니다. 정치권의 문법상 당대표나 비대위원장에게 전화해 "이런 사람 대표님이 추천하신 건가요?"라고 묻는 일은 일종의 금기사항이었는데, 이를 손혜원 의원이 깼죠.

결국 이런 편법을 이용해 자기 사람을 심으려 했던 일부 정치인은 질타받았고, 기존 심사 방식이었던 A, B, C그룹을 해체해서 전원이 자유경쟁을 하는 방식으로 비례대표 후보를 정했습니다. 그 결과 C그룹에 있었던 김현권 후보와 제윤경 후보가 당선 안정권에 들어와 원내에 진입했습니다. 비례대표 후보 공천 과정이 꽤나 역동적이었던 사례입니다.

지역구 공천 과정은 좀 더 간단합니다. 경선을 치르거나 전략공천*을 받는 길이 있습니다. 대다수는 경선을 치릅니다. 이를 위해서는 적어도 1년 전부터는 출마할 지역구를 정해서 지역 기반을 다져야 해요. 매일 아침 밭에 나가서 씨앗을 하나씩 뿌린다는 생각으로 지역의 주요 인사들을 만나고 선거를 도울 사람들을 모집하는 과정을 거쳐야 합니다. 후보마다 다르겠지만, 지하철역이나 번화가에 나가 인사하면서 눈도장을 찍는 사람도 있고, 저처럼 방송을 통해 인지도를 쌓으며 지역 활동을 시작하는 사람도 있습니다.

경선 후보가 되면 현역 의원 또는 현역이 아니더라도 지역위원장으로 활동했던 사람과 경선을 치릅니다. 현재 더불어민주당

---

* 전략공천을 받으려면 출마하려는 선거구가 사고 지역구로 지정돼야 하는데, 현재 더불어민주당 당규에서는 ▲ 선출직공직자평가위원회의 평가 결과 공천 배제 대상자가 포함된 선거구 ▲ 공직선거후보자검증위원회의 검증 결과 공천 배제 대상자가 포함된 선거구 ▲ 불출마 및 사고위원회 판정 등으로 해당 선거구에 당해 국회의원 또는 지역위원장이 공석이 된 선거구 ▲ 선거구의 분구가 확정된 선거구 중 당해 국회의원 또는 지역위원장이 공석인 해당 선거구 ▲ 역대 선거 결과와 환경 및 유권자 지형 분석 등을 종합한 결과 해당 선거구의 후보자의 본선 경쟁력이 현저히 낮은 선거구 ▲ 역대 선거 결과 분석 결과 절대 우세 지역임에도 직전 선거에서 패배한 지역에 대해 전략 선거구 선정을 심사한다고 명시하고 있다.

에서는 경선 과정에서 신인, 여성, 장애인에게 가산점을 주고 저조한 평가를 받은 일부 현역 의원에게는 페널티를 주는 방식을 채택하고 있습니다. 그래도 현역 의원이 절대적으로 유리한 것이 현실입니다. 당원 투표 50%, 여론조사 50%로 후보를 결정하는데, 보통 현역 의원이 경선 직전까지 지역위원장을 겸하고 있어 조직과 인지도 면에서 모두 앞서기 때문입니다.

대부분의 제도가 그렇듯이 선거법은 신인에게 공정은커녕 불리하게 돼 있습니다. 신인이 당선 가능성을 높일 방법은 지지해 줄 당원을 많이 모으는 길뿐인데, 실제로 할 수 있는 일이 많지 않습니다. 지역위원장이나 국회의원이 당원을 모집하는 일은 합법이지만, 정치 신인이 동네에서 공개적인 행사를 통해 당원을 모으는 일은 불법입니다. 결국 주변을 통해 알음알음 당원을 모집할 수밖에 없습니다.

경선에서 승리해 후보가 되면 본선까지 채 한두 달도 남지 않습니다. 총선 일자는 보통 4월 둘째 주 수요일인데 경선은 빠르면 1월, 늦으면 2월 말에 끝나기도 합니다. 그러다 보니 정치인이 자신을 알리기 위해 선택하는 방법이 새로울 수가 없습니다. 선거운동 기간에 트럭에다 확성기를 달아서 "김성회! 김성회!"를 연호하고 춤출 수밖에 없는 겁니다. 현수막은 현역 의원이나 지역위원장 외에는 게시 자체가 불법이니 손발이 다 묶인 거죠. 저는 사전선거운동을 금지하고 있는 현행법이 한국 선거 문화의

==발전을 가로막고 있다고 생각합니다.== 어느 나라에서도 전례를 찾기 힘든 일인데, 이에 관해서는 정치 혁신 부분에서 더 이야기해 보겠습니다.

• 2부 알아 두면 쓸모 있는 정치 상식

국회의원은
어디서 뭘 하나요?

기껏 국회의원을 뽑아 놨는데 어디서 뭘 하는지 보이질 않습니다. 국회의원은 300명이나 된다는데 그중에서 이름 한 번 들어 본 의원은 30명이 채 되지 않습니다. 국회의원은 과연 어디서 무슨 일을 하기에 이렇게 눈에 띄지 않을까요?

1 ▶ 국회의원의 하루

국회의원이 놀기만 하고 게으를 것이라는 선입견이 있습니다만, 제가 곁에서 지켜본 바로는 대체로 부지런합니다. 일례로 박주민 의원은 아침 6시에 일어나자마자 출근해서 국회 체력단련실에서 샤워한 뒤 일과를 시작하기로 유명합니다. 박주민 의원을 비롯한 국회의원 대다수가 일 중독자예요. 보통 6시에서 9시 사이에 출근해서 이른 아침부터 각종 업무를 소화합니다.

오전에는 보좌진과 회의하거나 업무 보고를 받는 것이 주요 일과입니다. 상임위 회의가 잡히면 이에 참석합니다. 요즘 국회는 갈수록 상설화되고 있어서 상임위 회의가 예전보다 상당히 많아진 상태입니다.

점심에는 주로 약속이 있는데 기자들을 만나는 일이 많습니다. 반면, 다른 의원들과 만나는 일은 생각보다 많지 않습니다. 어떤 선배 정치인에게 왜 다른 의원들과 식사하지 않느냐고 물었는데, "이 동네에서는 공천 주는 의원 말고는 관계가 잘 만들어지지 않아."라는 다소 냉소적인 대답이 돌아온 적이 있습니다. 실제 의원들끼리 만나는 모임이 있지만, 소속감이 강한 일부 의원을 제외하면 일상적인 만남이 많지는 않은 편입니다.

그렇게 점심 업무가 끝나면 오후에는 각종 관계자와 민원인을 만날 때가 많습니다. 지역 민원인들이 찾아오기도 하고, 각 부처 국·실장의 보고가 들어오기도 합니다. 다양한 사람을 만날 수 있다는 것은 국회의원의 최대 장점이기도 합니다. 이렇게 업무와 관계된 사람들은 대부분 오후에 만납니다. 저녁에 만나는 약속을 하게 되면 식사를 해야 하고, 김영란법에 저촉되는 문제도 있기 때문입니다. 그렇다고 저녁 약속이 없지는 않습니다. 보통 지역 관계자나 특정 분야 전문가를 만나는데, 식사를 같이하고 술도 마시면서 관계를 돈독히 유지하고자 하죠.

　주중에는 주로 여의도에서 시간을 보낸다면, 주말에는 지역으로 향합니다. 지역 주민들과 인사하기 위해 방방곡곡을 돌아다닙니다. 특히 지역 행사가 주로 주말에 열리기 때문에 각종 행사에 참여하곤 합니다. 이렇게 ==국회의원이 되면 밤낮과 휴일을 가리지 않고 일하는 경우가 태반입니다. 국회의원은 말하기 좋아하고 잘 지치지는 않는 사람에게 적합한 직업입니다.==

2 ▶ 국회의원은 어디에서 볼 수 있나?

저도 처음에는 제가 사는 지역의 구청장이 누군지도 잘 몰랐습니다. 아침에 일찍 출근해서 밤늦게 집에 들어가 잠자는 것 말고는 사는 곳에서 하는 일이 아무것도 없었으니까요. 베드타운에 사는 분들 대부분이 그럴 겁니다. 낮에 동네에 있질 않으니 지역에서 국회의원을 마주칠 일이 거의 없습니다.

　정치인이 언론에 노출되면 그제야 "아, 우리 동네에 이런 정치인이 있었지."하며 이름을 상기하는 사람들이 꽤 있습니다. 이 때문에 말솜씨가 좋거나 순발력이 뛰어난 의원들은 언론에 이름을 알리고자 토론 프로그램을 비롯한 각종 방송에 자주 출연하고 싶어 합니다. 아니면 언론 보도를 타기 위해 SNS에서 강도 높은 발언을 하기도 합니다. 특정 국회의원의 지지자라면 그 사람의 SNS를 팔로잉해서 피드를 찾아보는 것도 국회의원의 활동을 확인하는 좋은 방법일 겁니다.

더불어 국정감사 등을 통해 국회의원의 활동을 확인할 수 있습니다. 많은 국회의원이 국정감사에서 스타로 등극하고 싶어 합니다. 과욕으로 무리한 모습을 보일 때도 있지만, 순기능도 있습니다. 저 역시 정청래 의원의 보좌관으로 일하던 시기에 소기의 성과를 이뤄내기도 했습니다. 2015년도 국정감사에서 전국 243개 기초자치단체와 17개 광역자치단체에서 일하는 청소노동자의 임금 테이블을 전부 제출받아 지자체 절반 이상이 최저임금법을 위반했다는 사실을 폭로했습니다. 국정감사 첫날 〈경향신문〉 1면을 장식*해 사회적 반향을 일으켰고, 최저임금을 받지 못하던 청소노동자들의 처우도 개선됐습니다.

이에 관해서는 민주노총 산하 민주일반연맹 노조가 장기간 숙원사업으로 투쟁을 벌여 왔는데, 국정감사에서 이슈가 된 덕분에 단번에 해결됐습니다. 물론 이를 제안하고 데이터를 분석하는 과정에서 민주일반연맹의 역할이 컸습니다. 의원은 이름을 알렸고 조직은 해묵은 문제를 해결했으니 서로에게 좋은 일이었죠. 이렇게 국정감사에서 양질의 문제 제기를 한 덕에 우리 사회

---

* 조미덥, "지자체 3곳 중 1곳 '최저임금법 위반'", 〈경향신문〉, (2015.9.10.), https://www.khan.co.kr/politics/politics-general/article/201509100600065

의 문제를 개선했을 뿐 아니라 의원의 지명도를 높일 수도 있었습니다.

3 ▶ 지역형 정치인

국회의원 중에는 중앙정치보다는 지역에 천착하는 지역형 정치인도 있습니다. 지금은 국민의힘의 원외 지역위원장인 한 의원이 사석에서 했던 말이 생각납니다. "다선 의원 하고 싶으면 중앙 무대에서 유명해질 생각 말고, 계파 정치를 해서 위로 올라갈 생각 말고, 그저 지역에서 조용히 의정활동을 하는 게 좋다." 다소 냉소적이지만, 딱 맞는 말입니다. 지역에 있는 각종 관변단체, 상인회, 체육회 분들을 만나서 인사드리며 신임을 얻어야 하죠. 지역 내에서 지지세를 만들어서 본인이 바람을 일으키거나 상대 후보가 바람을 일으키는 상황을 사전에 차단해야 하기 때문입니다. 막상 선거에서는 바람이 불어 한 후보에게 표가 쏠리면 막기가 쉽지 않아요.

가령 유권자가 20만 명이라고 해 봅시다. 투표율 50%면 10만 명이 투표합니다. 양당의 지지율이 45% 대 40%라고 가정하면 투표 수는 4만 5천 표 대 4만 표로 5천 표 밖에 차이가 나지 않습니다. 3천 표 정도로 선거 결과가 바뀔 수 있다는 말이죠. 알고 있는 관변단체가 10개고 각 조직에 조직원이 100명씩 있다고 치면 가족까지 포함해 3천 표가 달려 있다고 볼 수 있습니다. 즉, 관변단체 하나가 표를 한 후보에게 몰아주면 선거 결과가 달라진다는 말입니다.

물론 유권자들은 각자 지지하는 정당이 있으므로 이익단체, 직능단체, 관변단체, 각종 동호회 등의 표심을 잡는다고 해서 해당 단체의 구성원 전체 표심까지 확실히 얻는다는 보장은 없어요. 하지만 지역에서는 이념이나 정당보다도 주민 생활과 관련한 요구사항을 해결해 주는 것이 더 소구력이 강할 때가 있습니다. 극단적인 예를 들면, 생활체육 예산 500억 원을 따 와서 동네에 축구장을 6면 깔겠다고 하면 조기축구 회원들은 열광하며 지지해 주겠죠. 본인을 찍어 줄 확실한 천 명에게 투자하는 것이 모든 유권자에 관심을 두는 것보다 유리하니 지역형 정치인들은 보통 여기에 집중합니다.

그 500억을 전체 지역구민을 위해 쓴다면 무엇을 할 수 있었을까요? 일반적인 유권자들은 궁금해하지 않습니다. 그 예산의 존재 자체에 관심이 없기 때문이죠. 그래서 정치인들은 관심을 가질 만한 사람들에게 그 예산을 가져가서 생색내기 마련입니다.

4 ▶ 큰 정치인? 장수 정치인?

국회의원은 300명 모두 대권을 꿈꾼다는 이야기가 있습니다. 실제로 들여다보면 그 정도는 아니고, 그래도 절반 정도는 그런 생각을 조금씩이라도 갖고 있는 듯합니다. 큰 정치인이 되려면 일단 포부를 크게 잡아야 합니다. 그리고 자기 체급을 키워야 합니다. 대표적인 방법이 자기보다 큰 정치인을 공격하는 겁니다. 큰 정치인이 이에 반응하면 존재감을 키울 수 있기 때문입니다.

같은 이유로 정치권에는 반대로 자기보다 작은 사람을 절대 때려선 안 된다는 철칙이 있습니다. 저는 국회의원도 아니기에 중량도 못 잴 만큼 체급이 낮지만, 정부나 여당을 비판할 때는 꼭 원희룡, 한동훈 장관이나 윤석열 대통령을 대상으로 합니다. 일종의 근력 강화 운동이라고 하면 적절할까요?

최근 원희룡 장관이 경기 고양갑에 출마한다는 소문이 돌았는데, 이는 제가 체급을 올릴 기회였습니다. 국회 회의록을 토대로 해서 원희룡 장관이 사전에 김건희 여사가 소유한 땅의 존재를 알았을 가능성에 관해 언급했습니다. 해당 영상은 공유도 많이 됐고, 공론화되기도 했죠. 그 후 실제 여론조사*에서도 제

---

* 이혜린, "[여론조사꽃 CATI] 총선 경기고양시갑, 3자 가상대결 민주 vs 국힘 vs 정의 경합...민주·국힘은 초박빙", 〈폴리뉴스〉, (2023.9.25.), https://www.polinews.co.kr/news/articleView.html?idxno=620815#0FV0

가 원희룡 장관을 앞지른 덕에 홍보가 많이 됐습니다. 제가 방송에 출연해서 거듭 언급하니 원희룡 장관도 반박하고 싶으실 거예요. 하지만 꾹 참고 계실 겁니다. 심상정 의원도 마찬가지일 테고요. 본인보다 체급 낮은 사람과 붙어서 얻을 수 있는 것이 없거든요.

큰 정치인이 되기 위해서는 본인만의 비전도 필요합니다. 지금까지 민주당이 걸어온 길이 어땠는지 평가하고, 앞으로 어떻게 더불어민주당을 바꿔 나갈지에 관한 대안을 제시해야 합니다. 물론 원내에서도 허드렛일부터 시작해서 대변인 역할을 충실히 하는 등 열심히 의정활동을 하며 의원들 사이에서 신망도 쌓아야 합니다. 그뿐만 아니라, 협상력을 갖춰서 그에 걸맞게 원내대표가 되고 싶다거나 당 운영의 비전을 갖고 당대표가 되고 싶다고 꾸준히 어필하고 실제로 도전도 해야 할 테고요.

한편, 정치적 존재감이 크지는 않아도 다선 의원으로 오랫동안 정치 활동을 이어가는 정치인도 있습니다. 국민에게 정치적 존재감이 크지는 않더라도 당선 횟수를 늘릴 수 있는 가장 중요한 비결을 말씀드리면 일단 무리에 들어가는 겁니다. 계파 모임에서 바닥부터 다지면서 계보 안에 안전하게 머물러야 하죠. 다음으로는 너무 튀지 않아야 합니다. 이재명을 구속하라거나 윤석열을 탄핵해야 한다는 둥 어느 쪽으로라도 메시지를 강하게 내면 안 됩니다. 지역형 정치인이 돼서 조용히 지내며 지역에 천착해야 하죠. 표가 될 만한 사람들을 꾸준히 만나고 지역을 위해 무엇을 도와줄지 고민하는 데 몰두해야 합니다. 아울러 장수 의원이 되려면 대선이나 장관직에 초연해야 합니다. 대선에 출마하거나 장관직에 도전하면 검증이 강하게 들어와요. 말 그대로 샅샅이 파헤치기 때문에 장수 정치인이 되기 어렵습니다.

저는 국회의원이 지역 표심 챙기기에만 몰두하는 것은 바람직하지 않은 태도라고 생각합니다. 중앙정치에 집중해서 지역을 홀대하는 것도 마찬가지고요. 적절하게 균형을 유지해야 해요. SNS나 방송을 통해 국가 수준의 이슈를 다룸과 동시에 지역도 두루 챙겨야 하죠. 그러기 위해서는 지역에 접근하는 방식이 달라져야 한다고 생각합니다. 지금껏 지역 활동은 이익단체, 관변단체 등을 비롯한 지역 조직 위주로 전개됐어요. 이제는 지역 주민과 직접 소통할 수 있는 통로를 확보해야 합니다. 그래야 유권자들의 진정한 목소리를 들을 수 있어요.

미국 워싱턴주 신호범 주 상원의원*은 2년 동안 수만 가구를 일일이 방문하면서 본인의 출마 사실을 알리고 주민들의 민원을 접수했다고 합니다. 동네에 살면서 뭐가 불편했는지 꾸준히 청취하면서 인지도를 높이고 결국 당선됐습니다. 좋은 모델이라고 생각합니다. 그러나 이는 우리나라에서는 불가능한 일입니다. 사

---

* 한국계 미국인으로는 처음으로 주 상원의원에 당선됐다.

전선거운동이 금지돼 있고 출마한다는 사실을 알리는 것 자체가 불법이기 때문입니다.

호별 방문 역시 우리나라에서는 엄격하게 금지하고 있습니다. 호별 방문을 하면 돈을 주고받을지 모른다는 겁니다. 하지만 SNS가 이렇게 활성화된 시대에 과연 돈을 주고 표를 매수할 수가 있을까요? 돈도 돈이지만 금권 매수 시도가 알려지거나 고발당하면 그 정치인은 정치적으로 파산하게 됩니다. 정치생명이 달린 일인데 현금을 살포하는 어리석은 짓을 할 정치인은 거의 없을 겁니다. 그리고 그런 시도가 있다면 강력히 처벌하면 됩니다. 받은 사람도 50배의 돈을 토해 내야 합니다. 이제 정치인들이 지역구민과 소통할 수 있도록 숨 쉴 공간을 열어 줘야 합니다. 사전선거운동과 호별 방문을 금지하는 규정을 반드시 폐지해야 한다고 생각합니다.

• 2부 알아 두면 쓸모 있는 정치 상식

선거에서 떨어져도
계속 출마하는 이유가 뭔가요?

수차례 낙선해도 다시 출마하는 '상습' 출마자들이 있습니다. 선거비용이 만만치 않다는데 왜 계속 출마하는지, 그 비용을 모두 충당할 수는 있는지 궁금하실 겁니다. 어떤 특이한 출마자가 있었는지, 출마자들은 평소 어떻게 살아가는지, 낙선한 뒤에는 어떻게 정치적으로 재기하는지, 출마자들의 이모저모를 알아보겠습니다.

1 ▶ 상습 출마자

25년 동안 국회의원 선거에 출마했는데 한 번도 당선되지 못한 정치인이 있다면 믿어지시나요? 서울 중랑을 지역구의 강동호 후보 이야기입니다. 2000년에 치른 16대 총선에 출마한 뒤로 내리 낙선한 분인데요. 16대 총선에서는 새천년민주당 김덕규 후보에게 졌고, 17대 총선에서도 마찬가지로 열린우리당으로 당적을 옮긴 김덕규 의원에게 밀려 2위를 기록했죠.

두 번 떨어졌으니 8년이잖아요. 한나라당 중앙당에서도 변화가 필요했을 겁니다. 18대 총선 때 강동호 후보는 세 번째 출마를 준비했지만, 한나라당은 강동호 후보를 밀어내고 새로운 사람을 전략공천합니다. 그렇게 후보가 된 분이 〈조선일보〉 기자 출신으로 현재는 대한민국 최대 정치 유튜버로 활동하는 진성호 의원이에요. 공천에서 배제된 강동호 후보는 한나라당을 탈당한 후 무소속으로 출마합니다. 하지만 강 후보의 방해에도 진성호 의원은 당선됐습니다.

19대 총선에서는 되려 현역인 진성호 의원이 여러 논란 끝에 공천에서 배제됐습니다. 새누리당으로 복당한 강동호 후보는 경선을 벌인 끝에 비례대표 윤상일 의원을 누르고 후보 자리에 오릅니다. 18대 총선에서 강동호 후보가 그랬듯이 진성호 의원도 탈당 후 무소속으로 출마해 강동호 후보의 당선을 저지합니다. 18대 총선과 반대 상황이 됐죠. 결국 강동호 후보는 박홍근 민주통합당 후보에게 0.8% 차이로 패배했습니다. 무소속 진성호 의원이 4.3%를 득표했으니, 행여 진성호 의원이 출마하지 않았더라면 결과가 달라졌을지도 모릅니다. 눈물을 머금은 강동호 후보는 20대 총선도 준비했지만, 역시 박홍근 의원에게 7.5% 차이로 패배했습니다.

초선 국회의원 출신인 강승규 대통령실 시민사회수석 역시 대표적인 상습 출마자입니다. 서울 마포갑 지역구에서 18대 국회의원으로 당선됐지만, 19대, 20대, 21대 총선에서 노웅래 민주당 의원이 당선되면서 재선에 실패했죠. 20대 총선에서는 새누리당 후보 자리를 뺏앗기기도 했습니다. 강승규 의원 대신 중수부장 출신으로 대법관을 지냈던 안대희 씨가 서울 마포갑에 전략공천을 받아 새누리당 후보로 출마했습니다. 자리를 뺏긴 강승규 후보 역시 서울 중랑을의 강동호 후보가 그랬듯이 무소속으로 출마합니다. 자기를 밀어낸 안대희 대법관을 떨어뜨리겠다는 생각이었나 봅니다. 결국 안대희 후보와 강승규 후보는 노웅래 의원에게 밀려 나란히 낙선합니다.

강승규 후보 역시 선거가 끝나고 복당했습니다. 보수 정당이 본인 출마를 위해 탈당했던 강동호 후보와 강승규 후보의 복당을 받아 준 이유가 뭘까요? 무소속 출마라는 강수를 뒀다지만, 지역 조직을 수년간 관리하며 손에 쥐고 있는 사람을 파내기가 쉽지 않았기 때문이었습니다. 현재 강승규 후보는 서울 마포갑에서의 출마를 접고 시민사회수석을 하면서 충남 보령에서 출마를 준비한다는 소문이 무성합니다.

2 ▶ 그 많은 선거비용은 어떻게 충당할까?

선거에 출마하면 기둥뿌리 뽑힌다는 이야기를 종종 합니다. 기본적으로 선거는 돈을 써야 하는 일입니다. 그러다 보니 보통은 자금이 넉넉한 분들이 주로 출마합니다. 다만, 수도권은 예전보다 비용이 훨씬 덜 드는 구조가 됐기 때문에 돈이 부족하면 부족한 대로 선거를 치를 수는 있습니다.

현행 선거법에서는 후보가 일정 비율 이상을 득표하면 비용을 보전해 줍니다. 물론 세금이 투입되기 때문에 조건이 붙습니다. 득표율 15%를 넘기면 한도 내의 선거비용을 전액 보전받을 수 있지만, 10%에서 15% 사이로 득표하면 절반만 보전해 주고 득표율이 10%를 밑돌면 아예 보전받지 못합니다. 따라서 15% 이상 득표하면 사용한 선거비용을 상당히 만회할 수도 있습니다. 앞서 언급한 강동호 후보도 무소속으로 출마했을 때 15% 이상을 득표했기 때문에 선거비용을 상당히 보전받았을 겁니다. 경제적 타격을 줄일 수 있다는 말입니다. 이 외에도 선거에 출마하면 1억 5천만 원 한도 내에서 후원금을 걷을 수 있습니다.

강승규 의원처럼 출마해서 한 번이라도 당선되면 대우가 달라집니다. 일단 호칭부터 '의원님'으로 통일됩니다. 방송에서도 의원 출신끼리 따로 토론을 붙여 줍니다. 한 번 국회의원 배지를 달았던 사람과 달지 못한 사람 간에 차이를 두는 겁니다. 아무래도 실제 경험이 풍부하니 이야깃거리가 많다는 강점이 있기도 합니다.

많지는 않지만, 일부 전직 의원은 기업의 사외이사나 상임고문 자리로 가기도 합니다. 그러면 적절하게 의전을 받으면서 월급을 챙길 수 있습니다. 월급을 받지 않더라도 법인카드를 받아 활동하면서 기업을 대변하는 일을 하기도 합니다. 국회를 상대로 대관 업무를 해야 할 일이 생기면 전직 의원 출신이 도움이 되니 기업도 흔쾌히 비용을 지출하는 겁니다.

그런데 보통 이렇게 기업 쪽으로 넘어가면 다시 정계로 복귀하기는 쉽지 않습니다. 불가능하지는 않지만, 특히 더불어민주당에서는 때가 탔다고 보기 때문에 다시 선출직으로 뽑아 주는 일은 드뭅니다.

3 ▶ 출마자의 일상

출마자 역시 선거철이 아닌 평소에는 돈을 벌며 생계를 꾸려 가야 합니다. 말주변이 뛰어나거나 방송 센스가 남달라 정치·시사 프로그램에 출연해서 수입을 올리는 분들도 있습니다. 전문 자격증이 있거나 본업에서 입지가 탄탄한 분들은 해당 업종으로 다시 복귀하기도 합니다. 이렇게 선거철 외의 일상은 출마자별로 각양각색의 모습이라고 할 수 있겠습니다.

다만, 개중에는 생활비를 후원받으며 사는 분들도 있습니다. '저 사람이 왜 또 나오나?' 싶은 사람도 있지만, 실제 출마자 주변에는 이 사람이 잘될 것 같다며 도와주는 사람이 많습니다. 후원자로서는 대권이나 당대표에 도전하기 위한 디딤돌로 국회의원에 출마하는 분이라고 찰떡같이 믿고 돕는 거죠. 특히 사업가분들이 주변에 많이 접근하는데, 규제 한 줄 바꾸면 사업의 흥망성쇠가 갈릴 수 있기에 정치인과 어떻게든 교분을 만들기 위해 노력하는 이들이 있습니다.

실제 국회의원이 통과시키는 법안 하나에 기업들의 수입이 수천억 원 단위로 달라지기도 합니다. 그래서 출마자가 나중에 큰 정치인이 되면 크게 도움을 받을 수 있겠다는 기대에 생활비를 대 주는 거죠. 국회의원에 한 번 당선됐다가 낙선해서 원외 지역위원장이 된 사람 중에도 이들의 후원을 받으며 살아가는 경우가 있어요.

또한 실제 지인 관계여서 친구 돕겠다는 생각으로 후원하기도 합니다. 그런데 이런 경우는 불법일 확률이 높습니다. 정치에서 은퇴해 생활비를 보태 줬다고 주장해도 정치자금으로 인정되면 옥고를 치르게 됩니다.

4 ▶ 선거 패자가 재기하는 법

특정 진영에서는 유독 당선자를 내기가 어려운 지역구들이 있습니다. 상술한 서울 마포갑 같은 지역이 그렇습니다. 경쟁 상대인 노웅래 의원의 지지기반이 워낙 탄탄하기 때문입니다. 서울 마포갑은 5선 의원 출신인 아버지 노승환 전 국회부의장부터 시작해 노씨 가문이 30년 넘게 뿌리내린 곳이죠. 새로운 도전자의 당선 가능성이 상당히 낮습니다. 강승규 의원이 한 차례 비집고 들어가 당선됐다지만, 이후 12년의 노력에도 재선에 실패했던 것처럼요.

이렇게 지역구에서 낙선한 정치인이 재기하는 방법은 대선 캠프를 거치는 겁니다. 강승규 의원은 20대 대통령 선거를 돕고 대통령실 시민사회수석으로 들어갔어요. 2년여가 지나니까 이제 강승규 의원이 서울 마포갑에서 줄기차게 떨어진 낙선자라는 사실이 사람들 입에 오르내리지 않습니다. 고관여층이나 알고 있지, 일반적인 유권자들의 눈에는 '윤석열 대통령실 시민사회수석'으로만 보이는 거죠.

저와 '뉴스공장 해뜰날 클럽'에 함께 출연하고 있는 이창근 전 박근혜 청와대 행정관은 21대 총선에서 낙선한 뒤, 2022년 서울시장 재보궐 선거에서 오세훈 캠프의 공보단장을 맡았어요. 그 공로로 서울시 대변인이 됐지만, 7개월 만에 사임했죠. 왜 하필 7개월이었을까요? 6개월 이상이 돼야 공직 경력에 적을 수 있기 때문입니다. 이 행정관처럼 낙선한 정치인들은 경력을 쌓다가 다시 배고픈 야인 생활을 하기도 하며 어렵지만 나름대로 정치적 재기를 도모합니다.

5 ▶ 자칫하면 여의도 건달

그나마 앞선 사례들은 비교적 좋게 풀린 케이스입니다. 돈벌이는 안 되더라도 명예는 지킬 수 있으니까요. 그런데 잘 안 풀린 상태로 여의도를 기웃거리기 시작하면 인생이 고달파집니다. 업계 용어로 '여의도 건달'이라고 불리는 분들이 있어요. 선거에서는 떨어졌고 정상적으로 돈 벌 방법이 없으니, 로비를 통해 사업가들의 가려운 곳을 긁어 주면서 용돈을 받아 사는 사람들입니다. 이들은 "내가 그 방 보좌관 잘 알지.", "내가 그 의원 잘 알지." 라고 하며 다른 의원들에게 규제 완화 등을 청탁하고 다닙니다.

이 과정에서 정치자금법에 저촉되는 일이 많습니다. 행여 정치자금법상 문제가 되지 않더라도 의원실에 청탁하고 다니는 모습이 목격되면 그 사람의 정치생명은 끝났다고 봐야 합니다. 정치권은 업계가 좁기 때문에 소문이 삽시간에 퍼집니다. 상당히 냉정한 동네입니다. 아무리 룰이 없는 곳이라지만 기업의 편의를 위해 앞장서서 정치의 질을 저해하는 사람들은 배제당합니다. 더구나 다른 의원실까지 찾아가 규제를 풀어 달라며 로비하는 브로커들은 공천은커녕 가차 없이 내쳐진다고 봐야 합니다.

결론적으로 말씀드리면 출마와 관련한 모든 문제는 결국 정치자금과 연관돼 있습니다. 그러므로 적법하고 투명하게 후원금을 받을 수 있도록 개선이 필요합니다. 현역 국회의원뿐만 아니라 정치 신인과 원외 지역위원장도 합법적으로 정치후원금을 모금할 수 있도록 방안을 마련해야 합니다. 국회의원이 아닌 다른 사람은 평상시에 정치후원금을 모금할 수가 없습니다. 현역 국회의원 외의 다른 사람들은 손발이 묶여 있으니 현역 의원의 상대적 기득권만 강화하는 형태입니다.

1억 5천만 원이라는 정치후원금 한도를 언제 정했는지 아시나요? 일명 '오세훈법'이라 불리는 선거법 개정안이 통과된 2004년도입니다. 그 사이에 물가는 천정부지로 올랐습니다. 비용 처리할 것들은 전부 올랐는데 후원금만 그대로 묶여 있는 겁니다.

합법적인 선거를 위해서는 후원금 한도의 상향 조정도 검토해야 합니다. 물론 누구에게 얼마를 받았는지 후원금 입금 내역은 정확하고 투명하게 공개해야 한다는 조건이 붙어야 합니다. 후원금을 내는 행위에는 해당 정치인에 대한 지지의 의미가 포함돼 있으므로 얼마를 후원받았는지는 정치인의 역량으로 인정할 필요가 있다는 겁니다.

시대가 많이 변해서 이제 이런 과정에서 검은돈이 오갈 가능성은 매우 줄어들었습니다. 걷을 수 있는 만큼 걷되 누구에게 얼마만큼 받았는지 정확하게 공개하면 된다고 생각합니다. 노조에게 지지받고 있다거나, 삼성 측으로부터 지지받고 있다는 식으로요. 물론 현재 우리나라에서는 법인이 정치인을 후원할 수 없도록 법으로 금지하고 있으므로 실제 기업으로부터 직접 후원받을 수는 없지만 말입니다.

정치 신인과 원외 지역위원장이 국회의원과 동등하게 후원금을 거둘 수 있게 되면 시민과 당원이 모여서 비전 있는 정치인을 키우는 일도 해 볼 수 있을 겁니다. 현행 선거법이 확정된 지 20년이나 지난 만큼 더욱 성숙해진 정치 문화를 바탕으로 선거법을 개정해야 합니다.

• 2부 알아 두면 쓸모 있는 정치 상식

국회선진화법이 필요한가요?

　　　　　　　　　　국회선진화법은 날치기와 육탄전 좀 그만하고 선진화된 국회를 만들어 보자는 취지의 법입니다. 대한민국 국회가 '동물국회'라고 불리던 시절에는 몽둥이 들고 서로 때리는 일까지 있었습니다. 그래서 18대 국회 임기 종료 직전에 양당은 이제 더는 국회의원들끼리 치고받고 싸우지 말자며 국회선진화법에 합의했습니다.

　　그런데 지금 국회선진화법을 두고 말이 많아졌습니다. 패스트트랙, 필리버스터 등과 같은 국회선진화법 제도가 본래 취지와 다르게 사용되고 있기 때문일 겁니다. 이번 장에서는 국회선진화법을 둘러싼 논란을 살펴보려 합니다.

1 ▶ 국회선진화법이란?

국회선진화법이 마련되기 전에는 국회의원들과 그 보좌진들이 문을 쇠사슬로 감아 걸어 잠그고 소화기를 뿌리는 일도 있었습니다. 그 때문에 의원들, 당직자들이 폭행 혐의로 기소되고 처벌받는 일이 꽤 있었습니다. 대표적인 사례가 저와 동명이인인 '핵주먹' 김성회 의원입니다. 서울고등학교를 졸업하고 육군사관학교에서 럭비부 주장을 맡았던 거한입니다. 그는 2011년 예산안을 처리하는 과정에서 강기정 의원과 주먹다짐하고 결국 피까지 봤습니다.

이런 아비규환이 벌어지자 국민의 지탄이 엄청났습니다. 그래서 당시 김진표 민주당 원내대표와 황우여 한나라당 원내대표가 합의해서 국회선진화법을 통과시킵니다.

국회선진화법은 ▲국회의장의 직권상정 제한 ▲패스트트랙 ▲필리버스터 등을 골자로 합니다. 다른 내용도 중요하지만 아무래도 가장 많이 이슈가 되는 항목은 패스트트랙입니다. 패스트트랙이란 국회 재적의원 5분의 3 또는 소관 위원회 재적위원 5분의 3의 동의를 받아 쟁점 법안을 신속처리안건으로 지정해 180일의 시한을 거쳐 본회의에 부의할 수 있게 하는 제도입니다. 이는 기다리는 180일 동안 여야가 협의하라는 취지로 만들어졌습니다.

그런데 제발 대화를 나누라는 원래 취지와 달리 패스트트랙은 180일만 기다리면 마음대로 법안을 통과시킬 수 있게 해 주는 제도가 돼 버렸습니다. 물론 합의에 실패한다면 다수당이 원하는 방향으로 가는 것이 현대 민주주의의 원리입니다. 그래도 주어진 180일 동안에는 서로 합의하기 위해 치열하게 대화해 나가야 정상이라고 생각합니다. 하지만 지금은 법안을 패스트트랙에 올려놓고 서로 아무 대화도 안 하는 상황이 비일비재합니다. 그러다 180일이 지나면 막무가내로 법안을 통과시킵니다.

2 ▶ 국회선진화법이 적용된 사례

박근혜 정부 당시 기재부가 '규제프리존법'을 강하게 밀어붙인 적이 있습니다. 규제프리존법이란 말 그대로 특정 지역에 한정해서 특정 산업에 관한 규제를 풀자는 법입니다. 이를테면 충남 지역에서는 바이오 산업, 전남 지역에서는 2차 재생에너지 산업에 관한 규제를 완화해 주는 식입니다. 필수적으로 거쳐야 하는 실험 단계를 건너뛰게 해 주는 등의 방식으로 혜택을 주자는 내용이 포함돼 있었습니다. 박근혜 씨가 이 규제프리존 법안을 통과시키자고 줄기차게 주장했죠. 하지만 더불어민주당에서 완강히 반대하자 이 법안은 당시 새누리당이 다수당이었는데도 국회선진화법에 걸려 통과되지 못했습니다.

그런데 문재인 정부가 들어서자 여야 합의를 통해 규제프리존법은 국회를 통과하게 됩니다. '지역전략산업육성을 위한 규제프리존의 지정과 운영에 관한 특별법'에서 '지역특화발전특구에 대한 규제특례법'으로 그 명칭이 바뀌었다고는 하나, 산업규제를 완화한다는 전체적인 방향에서 박근혜 씨가 추진한 법안과 크게 다르지 않았습니다. 즉, 아무리 박근혜 정부의 법안이었다고 해도 절대 통과시켜서는 안 되는 법안까지는 아니었다는 겁니다. 국회선진화법을 통해 논의가 진전된 것이 아니라 서로 어깃장을 놓는 식이 됐을 뿐입니다.

테러방지법에 대해서도 비슷한 일이 있었습니다. 테러방지법 통과를 막기 위해 더불어민주당의 정청래 의원, 이종걸 의원, 은수미 의원, 박영선 의원 등이 필리버스터에 나서서 10시간 넘게 사자후를 토했습니다. 실명이 밝혀지지는 않았지만, 기저귀를 차고 올라간 분도 있었다고 합니다. 테러방지법 통과를 막기 위해 장장 8일 동안 이어진 각고의 노력에도 결국 이 법안은 본회의를 통과했습니다.

이후 정치 상황이 급변했다는 사실은 다들 아실 겁니다. 문재인 정부가 집권하고 2018년 총선에서 민주당이 180석을 차지했죠. 그러면 민주당은 테러방지법을 다시 개정했을까요? 아닙니다. 테러방지법을 충분히 개정할 수 있는 의석수를 확보했는데도 손보지 않았습니다. 필리버스터까지 하며 반대했던 법안이라면 집권 다수당이 된 이후에 어떻게든 변화를 꾀하는 것이 일반적이겠죠. 하지만 더불어민주당은 그냥 넘어갔습니다.

규제프리존법과 테러방지법 모두 더불어민주당이 충분히 협상할 수 있는 법안이었다고 생각합니다. 그런데 전자의 경우 국회선진화법에 막혀 논의조차 하지 않았고, 후자의 경우는 필리버스터까지 하며 반대했으면서 정작 더불어민주당이 의석을 확보한 다음에도 폐기하지 않았습니다. 국회가 지향해야 할 대화와 타협이 국회선진화법이라는 제도에 가로막힌 사례들입니다.

3 ▶ 무엇이 문제인가?

저는 다수당에 지금보다 많은 권한을 줘야 한다고 생각합니다. 어쨌든 국민 다수가 선택한 정당이기 때문입니다. 조금 더 뜻대로 할 기회를 줘야 한다고 봅니다. 그래야 다수당이 책임감 있게 일할 수 있고, 유권자들도 다음 선거를 통해 다수당에 확실히 책임을 물을 수 있습니다. 다만, 지금처럼 극단적으로 정치가 갈라져 있는 상황에서는 과반이 됐다고 무턱대고 절대적인 권한을 부여한다면 문제가 될 겁니다.

다수당의 권한을 어디까지 늘리고 소수당의 의견을 어떻게 받아들일지에 대한 정교한 합의가 필요합니다. 예전과 비교했을 때 진보와 보수 중 어느 쪽이 다수당이 될지 더 예측하기 어려운 시대가 됐습니다. 그럴수록 국회의 의사결정 제도를 손봐서 양당의 의견이 적절하게 반영될 수 있도록 해야 합니다. 사실 이는 22대 총선을 치르기 전에 21대 국회에서 꼭 논의해야 할 내용이었습니다. 그런데 더불어민주당과 국민의힘 모두 그럴 생각조차 하지 못했습니다.

아무 노력 없이 민주주의는 작동하지 않습니다. 민주주의란 의견이 다른 사람들이 같이 살아가기 위한 방법입니다. 민주주의 체제에서는 자기 뜻과 맞지 않는 결정이나 제도가 있다고 해도 이를 단박에 뒤집을 수 없습니다. 민주주의와 권위주의의 결정적인 차이입니다. 대화가 지지부진하게 늘어져도 포기하지 않고 끝까지 대화를 통해 서로 설득하고 타협하려는 자세가 필요합니다.

상대의 의견을 들을 생각이 없으면 해결 방법은 하나밖에 없습니다. 자기 의견에 반대하는 진영을 싹 없애 버리는 겁니다. '우리 사회에서 2찍을 모조리 몰아내고 국민의힘을 없애 버리자!', '종북정당, 반국가세력을 쓸어버리자!', 뭐 이런 식입니다. 그런데 최근 들어 이런 태도가 우리 사회에 만연하고 있습니다. 이는 민주주의를 무너뜨리는 위험한 태도라고 생각합니다.

정당 내에서도 마찬가지입니다. 더불어민주당이 어떻게 집권할지 고민하고 힘을 모아가기보다는 더불어민주당을 어떻게 하면 더 순수한 정당으로 만들 수 있을지만 고민하는 분들이 있습니다. 이견 없는 정당은 존재하지 않습니다. 이견 있는 사람을 솎아낸다고 한들 다시 집단은 분화하기 마련입니다. 정당은 다시 주류와 비주류로 나뉘게 됩니다. 극단적이지만 '이재명 만세'를 외치는 사람만 공천한다고 가정해 봅시다. 그런다고 더불어민주당이 정말 순수해질까요? 그렇지 않을 겁니다. 문재인 당대표 시절에도 안철수 등이 떨어져 나갔을 때 뭐든 해낼 수 있을 거라며 속 시원하다고들 생각했지만, 다시 수박 논쟁이 생기지 않았습니까? 어느 집단이나 분화가 되기 마련이라는 뜻입니다.

갈라내고 몰아내서 해결될 문제가 아닙니다. 자영업을 하시는 분들은 잘 아시겠지만, 단박에 매출을 2배 늘리는 비결은 없습니다. 매출을 늘려 주는 500만 원짜리 속성 강의를 들었다고 해서 매출이 바로 늘어나지는 않습니다. 저도 장사를 해 봤지만, 매출을 5%라도 올리려면 정말 뼈 빠지게 별의별 수단을 다 써봐야 합니다. 그렇게 다양한 시도를 해서 어쩌다 한두 가지가 먹히면 매상이 조금 오릅니다. 그런 일이 5년, 10년 쌓여서 돈을 버는 것이지, 한 번에 매출이 껑충 뛰지는 않습니다. 일터에서도 불가능한 일을 더불어민주당에 요구하는 것은 어불성설이지 않을까요?

정말 한 방에 뒤집고 싶다면 국회를 변화시킬 것이 아니라 혁명을 해야 합니다. 혁명은 기존 법제를 무너뜨리고 새롭게 체제를 세우는 일이기 때문입니다. 하지만 우리나라는 혁명을 하기에는 이미 민주주의 제도가 충분히 안착했습니다. 보기에는 답답하겠지만 올바른 방향을 찾아서 조금씩 전진해 가는 방식으로 바뀔 수밖에 없다고 생각합니다. 그러므로 국회선진화법을 정비할 필요가 있어 보입니다. 본래 취지처럼 대화와 타협이 가능하도록 말입니다.

4 ▶ 거부권을 행사하는 대통령

대화와 타협을 거부하고 상대 의견을 듣지 않기는 윤석열 정부의 주특기입니다. 최근에는 간호법*이 문제가 됐습니다. 윤석열 대통령이 대통령 후보 시절에 공약했던 간호법에 대해 거부권을 행사한 탓에 간호법을 둘러싼 논의 자체가 무산돼 버렸습니다.

---

* ▲간호사 업무 범위 명확화 ▲5년마다 간호종합계획 수립 및 3년마다 실태조사 ▲환자 안전을 위한 적정 간호사 확보 및 배치 ▲간호사 근로 조건, 임금 등 처우 개선에 관한 기본지침 제정과 재원 확보 방안 마련 ▲간호사의 신체적·정신적 고통 등 인권 침해 행위가 발생하지 않도록 조사와 교육 의무 부과 등을 주요 골자로 한다. 1조에 명시한 '지역사회'라는 문구를 두고 간호사의 단독 의료 활동 및 개원을 허용하는 단초가 된다는 주장이 제기됐다. 2023년 5월 16일 윤석열 대통령이 거부권을 행사했으며, 11월 22일 고영인 더불어민주당 의원이 '의료기관과 지역사회'를 '보건의료기관, 학교, 산업 현장, 재가 및 각종 사회복지시설 등 간호인력이 종사하는 다양한 영역'으로 변경하는 안을 발의했다.

저는 간호법의 본질이 간호사와 의사 사이의 권한 문제라고 생각합니다. 베이비붐 세대인 58년 개띠가 하나둘씩 은퇴하면서 요양·돌봄 시장이 본격적으로 확대되기 시작했는데, 이를 둘러싸고 의사와 간호사 사이에서 갈등이 불거진 겁니다. 간호사 단체는 다년간 환자를 돌봤던 경력이 있으니 요양병원까지는 아니더라도 간호사들이 돌봄시설은 충분히 운영할 수 있다고 주장합니다. 반면, 의사 단체에서는 의사를 통해서만 돌봄시설을 운영할 수 있어야 한다고 생각합니다. 이 사회적 갈등을 해결하기 위해서는 갈등의 본질을 파악하고 여러 요인을 섬세하게 따져야 하는데, 대통령이 거부권을 행사하면서 간호법에 관한 정치권의 논의를 중단시켜 버렸습니다.

물론 거부권은 대통령의 권한이기는 합니다. 하지만 역대 대통령들은 그렇게 자주 사용하지 않았습니다. 노무현 대통령이 6번, 이명박 대통령은 1번, 박근혜 대통령은 2번을 썼죠. 김영삼, 김대중, 문재인 대통령은 단 한 차례도 거부권을 행사하지 않았습니다.* 대화로 풀 수 있는 일은 대화로 풀어야 한다는 기본적인 룰을 따랐기 때문입니다. 전문적인 용어로는 '제도적 자제'라고 합니다. 법으로 규정한 권한이지만 쓰지 않는다는 뜻입니다.

---

* 홍정민, "尹 두 번째 '거부권 행사'…역대 대통령들은 몇 번 썼나?", 〈국제신문〉, (2023.5.16.), https://www.kookje.co.kr/news2011/asp/newsbody.asp?code=0100&key= 2023 0516.99099005477

부부가 서로 싸운다고 생각해 봅시다. 예를 들어 '욕은 절대 하지 말자.'라는 암묵적인 합의가 있다면 아무리 화가 나도 적정선을 지켜야 합니다. 이를 지키지 않으면 결혼 생활을 유지하기가 쉽지 않습니다. 한번 욕하기 시작하면 상대도 욕하게 되고, 두세 번만 오고 가면 욕은 일상이 됩니다. 불문율이 무너지면 서로가 서로를 황폐화합니다. 대화도 자연스럽게 단절되고요. 현재 우리나라는 윤석열 정부가 거부권을 행사할 수 있다며 으름장을 놓으면 더불어민주당이 어디 한번 거부권을 행사해 보라고 대응하는 식으로 굴러가고 있습니다. <mark>정치가 제대로 작동하려면 제도적 자제를 통해 정치의 공간을 마련해야 하는데</mark>, 녹록지 않은 상황입니다.

5 ▶ 정치가 바뀌어야 한다

요즘 《어떻게 민주주의는 무너지는가》*라는 책을 자주 꺼내 봅니다. 트럼프 당선 후 미국 민주주의가 파괴될 것을 우려한 두 하버드대 정치학 교수가 쓴 책인데, 처음 읽었을 때는 '미국은 진짜 갑갑하겠다.'라고만 생각했습니다. 당시 우리나라는 문재인 대

---

* 스티븐 레비츠키, 대니얼 지블랫, 《어떻게 민주주의는 무너지는가》, 어크로스, 2018.

통령 집권기였기 때문입니다. 그런데 윤석열 대통령이 등장하고 다시 들춰 보니까 정말 모든 구절이 와 닿았습니다. 마치 윤석열 대통령을 관찰하고 쓴 책 같아서 말이죠.

《어떻게 민주주의는 무너지는가》에서는 민주주의를 지탱하는 주춧돌로 앞서 언급한 '제도적 자제'와 더불어 '상호 관용'을 제시하고 있습니다. 상호 관용이란 제도권 안에 있는 상대 정당을 적실한 정당으로 인정하는 것을 말합니다.

혹시 국민의힘이 사라지길 바라시나요? 도대체 다른 사람들은 어떤 정신으로 국민의힘을 지지하는지 납득이 안 되시나요? 그런 생각이 드신다면 자신이 행여 상호 관용의 정신이 결여된 것은 아닌지 반문해 보셔야 합니다. 상호 관용을 무시하는 태도는 윤석열 정부가 보이는 대표적인 모습이라는 점도 상기하셔야 할 겁니다.

윤석열 대통령은 문재인 정부와 더불어민주당을 두고 종전선언을 획책하는 반국가세력이라고 규정한 바 있습니다. 게다가 이재명 대표에게는 후보 시절 확정적 중범죄자라는 오명까지 씌운 적도 있습니다. 본인들만 합법적이고 정당한 정당이라는 겁니다. 《어떻게 민주주의는 무너지는가》에서는 미국 민주주의가 무너졌다는 근거로 상대 후보를 끊임없이 구속시키려 하는 트럼프 대통령의 정치 행태를 듭니다. 정확히 윤석열 정부의 행태와 일치하지 않나요? 진정 민주주의를 위해서라면 적어도 윤석열 대통령과는 다르게 행동해야 한다는 말씀을 드리고 싶습니다.

저는 그동안 꾸준히 윤석열 정부와 협치해야 한다고 주장해 왔습니다. 그리고 "무도한 2찍들과 어떻게 협치할 수 있겠느냐."라고 모두가 비판할 때, 협치를 주장했던 사람이 이재명 대표입니다. 이재명 대표는 끊임없이 협치를 이야기했습니다. 영수회담을 제안하고, 민생과 관련해 언제든 협조할 준비가 돼 있다고 말했습니다. 윤석열 정부와 협치한다고 해서 수박이라고 매도하면 안 된다는 뜻입니다.

물론 윤석열 정부가 협치에 응할 거라는 기대는 없습니다. 하지만 적어도 우리는 진심으로 협치를 원해야 합니다. 윤석열 정부가 협치하지 않을 것이라는 현실 인식과 우리가 어떻게 대응해야 하느냐는 전략을 구분해야 합니다. 현재 국정을 운영할 책임은 윤석열 대통령에게 있으니 그 책임을 다하지 않으면 바로 정권은 교체될 겁니다. 우리는 2027년 선거를 통해서 다시 평가하면 됩니다. 마찬가지로 더불어민주당이 먼저 나서서 대화를 단절한다면 더불어민주당도 그 책임을 피할 수 없을 겁니다.

왜 선거 때만 되면 제3당이 등장하나요?

제3당은 선거 때마다 출현했습니다. 가까이는 안철수 의원이 창당한 국민의당이 있었습니다. 거슬러 올라가서 정주영 현대 회장의 통일민주당을 떠올리는 분들도 계실 겁니다. 현재는 금태섭 의원이 '새로운 선택'이라는 제3신당을 추진 중입니다.

그렇다면 제3정당은 왜 생기는 걸까요? 사실 지역정치에는 더럽다고 하면 더럽다고 말할 수 있는 대목이 있습니다. 이를 더럽게만 보니 지역정치를 하고 싶지 않은 사람들끼리 모여서 중앙정치에서 바람을 일으키면 새로운 정치를 할 수 있지 않을까 하는 생각에 이르는 거죠. 그 까닭에 매번 새로운 정치를 하겠다는 명분으로 제3당이 등장합니다.

1 ▶ '나 아니면 안 돼!'라는 엘리트주의 발상

제3당을 창당했던 사람들의 면면을 살펴보면 공교롭게도 서울대 출신의 자수성가형 인물이 많습니다. 본인의 성공 경험에 근거해 한국 정치를 평가하며 '내가 하면 더 잘할 수 있는데.', '난 깨끗한데.'라고 생각하는 분들입니다. 부자인 데다 말도 잘하고 학벌도 좋으니 주변에서도 지지합니다. 더불어민주당과 국민의힘이 잘못하고 있다고 생각하는 언론인들 역시 제대로 중도정치를 해 보라며 지원해 줍니다.

그러다 보니 제3정당 창당은 어젠다화가 잘 됩니다. 정치에 실제 미치는 영향력은 작은데도 세세한 정보까지 기사화되면서 담론이 비대해지죠. 금태섭 의원의 새로운 선택 역시 서울 강서구청장 후보를 내서 바람을 일으키겠다고 공언한 바 있습니다. 심지어 서울 강서구는 금태섭 의원 본인이 4년간 국회의원을 했던 지역구이기도 합니다. 그런데도 제3신당은 후보를 못 냈어요. 이목을 끌었다는 사실과는 별개로 제3정당이 지역에 안착하기란 무척이나 어려운 일임을 알 수 있는 대목입니다.

물론 정치권에 새로운 움직임이 일어나는 일 자체에 대해서는 반대하지 않습니다. 에마뉘엘 마크롱* 프랑스 대통령처럼 새

---

* 프랑스 제25대 대통령 (2017.5.14~)

로운 정치를 하기 위해 대권 계획을 세우고 새로운 문법의 정치를 실행해 볼 수 있다고 생각합니다. 노무현 대통령도 큰 틀에서 봤을 때는 꼬마민주당이라는 신당을 창당했어요. 양당의 위세가 강고하다지만, 이 때문에 새로운 움직임을 터부시해서는 안 된다고 봅니다. 하지만 새로운 정치를 꿈꾸는 사람들이라면 그에 상응하는 준비가 필요하다고 말씀드리고 싶어요. 본인의 엘리트적 발상에만 갇혀 있지 말고 유권자들을 설득해 나가는 과정을 우선시해야 합니다.

2 ▶ 지역에 발 못 붙이는 정치인

이익단체, 관변단체를 비롯해 지역에 산재한 조직들을 만나 네트워크를 넓혀 가다 보면 자연스레 사람이 '닳게' 됩니다. 어느 집단이나 마찬가지인데, 훌륭한 분들도 계시지만 그와 반대인 분들도 있기 때문입니다. 표리부동한 인물, 부화뇌동하는 인물 등등 말이죠. 이들을 상대하려면 동네에서 먼지가 묻고 때 타는 일에 나설 수밖에 없습니다. 지역에서 마음을 얻어 조직을 아울러야 정치할 힘이 생기니까요. 저만 옳다며 제 목소리를 높인다고 좋은 정치를 할 수 있는 것은 아닙니다.

지역정치를 경험하지 않은 엘리트는 때 타는 일을 잘 안 하려고 합니다. 본인의 역량이 뛰어나니 어느 방향으로 나아가야 할지 가리키기만 하면 지역민들쯤이야 알아서 움직일 거로 생각합니다. 그러다 보니 지역에 뿌리를 내리기보다는 본인을 내세울 수 있는 중앙정치에 몰두하죠. 하지만 정치인은 결국 선거를 통해서 국민의 신임을 얻어야 합니다. 지역 민심은 기대만큼 쉽게 움직이지 않습니다. 지역을 외면해 온 정치인이라면 더욱 그렇죠.

동네에는 이미 양당과 호흡을 맞춰 온 인물과 조직이 있습니다. 더불어민주당에는 더불어민주당을 지지하는 조직이, 국민의힘에는 국민의힘을 지지하는 조직이 있죠. 기존 양당에 편제된 지역 인사들 역시 동네에서 비교적 신망 있고 일도 잘하는 분들입니다. 그러나 엘리트주의로 출발한 제3정당은 이렇게 지역에서 오랜 기간 내공을 다진 분들과 함께 일하기가 쉽지 않습니다. 인물이 없으니 대개 비위가 있거나 인정받지 못해 양당의 기존 조직에서 밀려난 사람들과 손잡게 되죠.

이러면 장기적으로 지역 민심을 지탱하기가 어렵습니다. 총선이야 어떻게든 치를 수 있다고 해도 당장 2년 뒤에 있을 지방선거에 출마할 자원이 부족합니다. 저 역시 서울 성북구에서 보좌관을 할 당시 비슷한 상황을 경험한 적이 있습니다. 2014년 지방선거에서 안철수 의원 몫의 구의원 후보로 금융권 출신 인물이 들어왔습니다. 그 사람은 다니던 회사에 2주 휴가를 내고 선거를 치렀습니다. 그런데 겸직 문제가 불거지자 다니던 회사가 아니라 월급이 적었던 구의원직을 그만뒀습니다. 그 탓에 보궐선거를 치러야 했습니다.

당시 안철수 의원을 돕겠다고 동네를 돌아다녔던 인사 중에는 이런 부류도 있었다는 사실이 한국 제3당의 문제를 여실히 보여 준다고 생각합니다. 중앙에서 자기 이름을 내걸고 제3당을 창당하려는 분들의 고결함은 십분 이해합니다. 다만, 지역에 대한 존중이 필요합니다. 더불어민주당, 국민의힘과 지역에서 터 잡고 정치해 온 동네 인사가 엘리트주의적 시선에서는 아무리 우스워 보여도 이들을 이기기란 결코 쉽지 않다는 점을 명심해야 합니다.

3 ▶ 연동형 비례대표제가 제3당에 유리할까?

연동형 비례대표제를 둘러싼 논란이 다시 불거지고 있습니다. 연동형 비례대표제는 각 정당의 총의석수를 정당 득표율에 비례해서 배분하는 선거제도입니다. 예를 들어 더불어민주당의 정당 득표율이 40%고 지역구에서 130석을 확보했다면, 더불어민주당은 정당 득표율로 얻을 수 있는 의석수인 120석을 초과했으므로 비례대표 의석을 하나도 가져가지 못합니다. 이와 반대로, 국민의힘이 35%의 정당 득표율을 받고 지역구에서 100석을 확보했다면, 정당 득표율로 얻을 수 있는 의석수인 105석에 5석 미달이므로 비례대표 5석을 가져가게 됩니다. 남은 비례대표 의석은 이외의 정당들이 가져갑니다.

저는 현행 연동형 비례대표제가 유지되면 민주개혁 진영에서는 조국 전 장관을 포함해 더불어민주당 외곽에 포진한 인사들을 추대하는 움직임이 일어나리라 예상합니다. 이름 있는 유튜버들이 가세할 수도 있습니다.

기존 연동형 비례대표제가 유지되면 보수 진영에서도 큰 변화가 예상됩니다. 보수 진영에서는 유승민, 이준석 등을 중심으로 신당이 만들어질 가능성이 큽니다. 국민의힘 내에서 내분이 생길 수 있어요. 그래서 국민의힘은 병립형으로 돌아가자고 주장하고 있습니다.

연동형 비례대표제가 유지된다고 해도 현재의 제3당에 꼭 유리하다고 보지는 않습니다. 기존 정당의 형제자매 정당들이 생겨날 텐데 이런 정당들과 위성정당의 경계선이 명확하지 않습니다. 위성정당 금지법을 통해 위성정당을 막으려고 해도 자발적으로 생겨난 형제자매 정당들을 근본적으로 막기는 어렵습니다.

제3당이 2024년 총선에서 원내 진입에 성공한다고 해도 그 기세를 지속할 힘이 있느냐는 다른 문제입니다. 2026년 지방선거를 대비할 방법이 마땅치 않기 때문입니다. 지방선거에는 연동형 비례대표제가 없습니다.

엘리트의 아이디어만으로는 정당을 만들 수 없습니다. 더불어민주당과 국민의힘을 지지하지 않는 유권자층이 30%나 된다고 무턱대고 지지를 바라서는 안 됩니다. 여야가 모두 싫다는 정치 혐오만을 자극하는 것만으로는 대안이 될 수 없습니다. 지역에 10년 이상 뿌리내릴 각오를 해야 합니다. 프랑스 대통령 에마뉘엘 마크롱의 소속 정당인 앙 마르슈를 비롯한 해외의 수많은 제3정당은 대부분 지역적 뿌리를 갖추고 있습니다. 금태섭 의원의 '새로운 선택'이 정말 대안 정당이 되고 싶다면, 제 조언은 "강서에서 시작하라."입니다. 진짜 제3당을 만들기 위해서는 서울 강서갑·을·병 지역구에서 국회의원을 배출하는 것부터 시작해 20년 계획을 세워야 합니다. 그럴 정도의 긴 호흡이 필요하다는 말입니다.

6장

우리나라에는 왜 젊은 지도자가 등장하지 않나요?

우리나라에는 정치를 불결하게 보는 문화가 있습니다. 정치를 사람과 사람을 가르는 부정적인 일이라고 생각하고, 순진한 아이들은 봐서도 만져서도 안 되는 일인 양 여깁니다. 청소년기에 정치를 하겠다고 나서면 어린놈이 학교에 분란이나 조장한다고 합니다.

반면, 해외에서는 어린 나이부터 정치를 배우는 분위기가 익숙합니다. 10대에 입당해서 20대 중후반이면 10년 이상의 정치 경력을 쌓는 경우가 부지기수입니다. 외국과 달리 우리나라에서 젊은 지도자가 등장하지 않는 것은 당연한 현상일지도 모르겠습니다.

1 ▶ 젊치인이 활약하는 나라들

미국에서는 청년이 기성 정치인의 비서로 경험을 쌓아 두각을 나타내는 사례도 있고, 지방자치에 뛰어들어 정치력을 키우는 사례도 있습니다. 혹은 정치 명문가 출신이 젊은 나이에 정치에 뛰어들기도 합니다. 부통령을 지냈던 앨 고어 또한 젊은 나이에 정치를 시작한 케이스입니다. 앨 고어는 하버드대를 졸업하고 사병으로 입대해 월남전을 치릅니다. 그리고 1977년 29세의 나이로 연방 하원의원에 당선되죠. 이후 내리 4차례에 걸쳐 당선에 성공하면서 8년 동안 하원의원 자리를 연임합니다. 1984년에는 35세의 나이로 연방 상원의원에 도전해 당선됩니다. 결국 45세의 젊은 나이에 부통령직을 지내고 민주당 대선 후보로까지 나섭니다.

정치인 앨 고어는 기후 위기 등 환경 문제를 선도적으로 제기한 인물입니다. 당시에는 다소 생경했던 환경 이슈를 꺼내 들며 본인의 어젠다로 삼고 정치적 비전을 보여 줬죠. 대선 패배 후에도 다양한 환경 문제에 의견을 제시하며 환경운동가로서 정치적 커리어를 쌓았습니다. 앨 고어가 이렇게 정치적으로 두각을 나타낼 수 있었던 이유는 청년 시절부터 정치적 경험을 폭넓게 했기 때문입니다. 45세의 나이에 부통령직을 수행할 정도로 역량을 충분히 갖출 수 있었던 거죠.

프랑스의 에마뉘엘 마크롱 대통령도 39세라는 젊은 나이에 대통령에 당선됐습니다. 국립행정학교를 수석으로 졸업하고 재무부에서 근무했는데, 지지하던 프랑스 사회당 대선 후보가 낙선하자 관료직을 그만두고 금융회사로 전직해 세계적인 M&A 대가가 됩니다. 그러다 30대에 올랑드 정권에서 산업부 장관으로 임명됩니다. 2016년 장관직을 그만두고 나서는 2017년 대선에 도전했죠. 30대 나이에 다른 곳도 아닌 산업부 장관이 됐다는 사실만으로도 나이가 진입장벽이 아니었음을 알 수 있습니다.

이런 해외 사례들과 달리 한국에서는 30대 정치인조차 보기가 쉽지 않습니다. 너무 어린 나이에는 정치를 할 수 없다는 공감대가 있다지만, 30대가 마냥 어린 나이는 아닙니다. 한국에서도 시장 원리에 가장 민감하게 반응해야 하는 기업들은 30대 임원을 종종 뽑곤 합니다. 특히 벤처기업에서는 30대 CEO를 쉽게 찾아볼 수 있죠.

유독 한국 정관계가 나이에 대해 폐쇄적입니다. 20대 중후반에 행정고시를 통과해서 입직한다고 해도 국장급으로 올라가기까지는 보통 20년 이상의 세월이 걸립니다. 이 방식으로 실수하지 않는 안전한 조직을 만들 수 있을지는 몰라도 조직에 이견을 내거나 새로운 에너지를 주입하기는 어렵죠. 만약 마크롱처럼 30대 장관이 배출된다고 해도 1급 국장들이 전부 50대 이상일 테니, 어떤 분위기일지 충분히 예상됩니다. 자연스럽게 정치인도 나이 지긋한 사람들이 해야 하지 않겠냐는 인식이 퍼지는 것 같아요.

2 ▶ 허울만 좋은 청년위원회

이례적으로 청년 정치인을 뽑을 때도 특정 분야의 전문가라서 데려오는 경우가 대부분입니다. '넌 다른 건 신경 쓰지 말고 하던 것만 잘하면 돼.'라는 사고방식이 전제로 깔린 겁니다. 바뀌어야 합니다. 독일 메르켈 총리는 16세에 공산당에 가입했습니다. 반면, 우리나라에서는 미성년자가 정당에 가입하려면 부모 동의를 받아야 해요. 정치 참여 문턱을 낮춰서 제너럴리스트인 청년 정치인을 키울 수 있어야 합니다. 잠깐 쓰고 마는 스페셜리스트가 아니라요.

현재는 정치에 꿈을 품은 청년이 청년위원회나 대학생위원회에 들어간다 해도 한계에 부딪힐 수밖에 없습니다. 정당 내의 의사결정 구조에 관여할 방법이 거의 없어서 이들 위원회는 사실상 자기 목소리를 내기가 어렵습니다. 그러다 보니 해당 위원회 활동을 통해 정치인으로 성장할 수 있는 구조가 형성돼 있지 않습니다. 애당초 청년위원회나 대학생위원회를 통해 청년 정치인을 양성하는 환경이 아닌 겁니다.

물론 점차 나아지고 있습니다. 19대 총선에서는 '슈퍼스타K'를 벤치마킹한 오디션 방식으로 장하나 의원과 김광진 의원 등과 같은 청년 비례대표 후보를 뽑았습니다. 21대 총선에서는 장경태 청년위원장이 지역구에 도전해 국회의원이 됐고, 전용기 대학생위원장도 비례대표로 출마해 당선됐죠. 그래도 아직 청년 후보를 뽑는 방식은 중구난방입니다. 청년 정치인은 꾸준히 도전하고 있는데 정당들이 청년을 받아들일 준비가 안 돼서 에너지가 축적되지 않고 있다고 봐요.

해외에는 정당 내 청년 조직이 활성화돼 있습니다. 독일 사회민주당에는 청년사민주의자 '유소스'*라는 100년 넘는 전통의 조직이 있습니다. 사회민주당의 대척점에 있는 기독교민주당에서는 '영유니온'**이라는 청년연합 조직을 1974년부터 만들어 운영하고 있습니다. 이 조직은 16개 연방에 협회를 두고 있으며 조직원만 10만 명에 달합니다. 이 정도 되면 청년 조직이 정당 내에서 실질적으로 목소리를 낼 수 있죠.

정당 내에 청년이 활동할 공간이 넓으니 청년 조직의 대표가 정치적으로 힘을 행사할 수 있습니다. 10만 명의 조직원은 대표가 되기 위해 치열하게 경쟁을 벌입니다. 정당 내에서 발굴되고

---

* SPD의 젊은 사회주의자 실무그룹Jusos, Arbeitsgemeinschaft der Jungsozialistinnen und Jungsozialisten in der SPD. 14세 이상 35세 미만의 당원 70,000여 명이 활동하는 청년 조직이다.
** 젊은 우니온Junge Union Deutschlands. 14세 이상 35세 미만 당원 90,000여 명이 활동한다.

성장하고 검증받는 과정을 거치게 되죠. 이렇게 100년에 가까운 기간 동안 운영된 정당 조직을 거쳐 배출된 정치인들이 독일 정치권 곳곳에 포진해 있습니다. 청년 조직이 소모적으로 쓰이지 않고 인재를 양성하는 장으로 자리 잡은 겁니다.

3 ▶ 돈 써야 하는 선거

선거에 투입해야 하는 비용 역시 대한민국 청년 정치인에게는 크나큰 진입장벽입니다. 경선을 치르려면 여론조사 비용을 부담해야 합니다. 후보가 3명이면 3분의 1, 2명이면 2분의 1에 해당하는 비용을 내야 하죠. 여론조사 한 번에 보통 500만 원에서 2,000만 원 정도가 들어가니 선거운동과 별개로 상당한 금액을 지출해야 합니다.

선관위에 납부해야 하는 기탁금*도 만만치 않습니다. 국회의원 선거에 지역구 후보로 출마하려면 1,500만 원을 기탁금으로 내야 합니다. 비례대표 후보는 500만 원을 기탁금으로 내야 합니다. 적다면 적다고 할 수 있겠지만, 쉽게 모을 수 있는 금액은 아닙니다. 특히 사회 초년생인 청년에게는 더욱 부담스러운 금

---

* 정치자금을 정당에 기부하고자 하는 개인이 정치자금법의 규정에 따라 선거관리위원회에 기탁하는 금전이나 유가증권 및 그 밖의 물건 (출처: 중앙선거관리위원회)

액이죠.

우리나라와 일본을 제외하면 기탁금이 천만 원 단위를 호가하는 나라는 사실상 없다고 봐도 무방합니다. 2019년 6월 기준 영국 하원의원 후보가 내는 기탁금은 500파운드(약 75만 원)입니다. 호주 상원의원 후보가 1,000달러(약 82만 원), 캐나다 하원의원 후보가 1,000달러(약 88만 원), 뉴질랜드가 300달러(약 23만 원)를 기탁금으로 냅니다. 심지어 미국, 프랑스, 독일, 이탈리아, 스페인, 스웨덴, 스위스는 기탁금 납부 제도 자체가 없습니다. 우리나라가 예외적으로 많이 걷는다고 볼 수 있죠.

물론 지난 21대 총선부터 더불어민주당은 20대 후보에게는 기탁금 전액을, 30대 후보에게는 그 일부를 지원해 줬습니다.* 하지만 기탁금을 지원받더라도 여전히 목돈을 지출해야 합니다. 21대 총선에서 지역구 국회의원 후보자 1인 평균 지출액은 9,980만 원이었습니다. 8회 지방선거에서는 지역구 후보자 1인당 광역의원 4,500만 원, 기초의원 3,400만 원을 지출했습니다. 몇 가지 시혜적이거나 일회적인 지원책이 아니라 청년의 정치 참여 허들을 낮출 체질 개선이 필요합니다.

우선 거금을 내야 진지하게 선거에 임할 거로 보는 인식부터 바꾸어야 합니다. 국회를 사회적으로 성공한 사람들끼리 모이는

---

* 서혜림, "與 전략지역에 청년·여성 우선공천…청년 무상·반값경선 지원", 〈연합뉴스〉, (2019.11.28.), https://www.yna.co.kr/view/AKR20191128114600001

리그로 여겨서는 안 됩니다. 청년들이 실질적으로 정치에 뛰어들 수 있도록 길을 열어 줘야 합니다.

4 ▶ 진입장벽 허물기

일단 정당이 정치인을 육성하는 시스템을 갖춰야 합니다. 청소년위원회부터 시작해 청년위원회 등 정당 내 조직을 거쳐 정치인으로서 차근차근 성장할 수 있도록 장려해야 합니다. 나아가 실제 선거에서도 청년이 공정하게 경쟁할 수 있도록 환경을 개선해야 합니다. 현재 우리나라에서는 조직을 동원해야만 선거운동을 할 수 있습니다. 선거운동 기간이 2주밖에 되지 않아서 될 수 있는 대로 많은 유권자에게 소구하려면 요란해야 하기 때문이죠. 트럭을 타고 다니고 데시벨을 높여야 합니다. 그러다 보니 조직 동원력이 약한 청년 정치인이 유권자와의 접촉면을 넓히기가 쉽지 않습니다.

프랑스의 에마뉘엘 마크롱 대통령은 후보 시절에 소속 정당인 앙 마르슈의 자원봉사자들과 몇 달 동안 전국을 돌며 여론조사를 진행했습니다. 프랑스가 어떻게 발전하면 좋을지에 관해 실제 국민의 목소리를 들은 겁니다. 이와 같은 방식은 신인 정치인이었던 에마뉘엘 마크롱과 신생 정당이었던 앙 마르슈가 집권

할 수 있는 디딤돌이 됐습니다.

우리나라에서는 호별 방문을 금지하고 있습니다. 청년 정치인이 동네 아파트에서 초인종을 누르며 "새로 출마한 후보인데 열심히 도전해 보겠습니다. 우리 지역과 사회가 어떻게 바뀌어야 한다고 생각하시나요?"라고 말하는 것조차 허용되지 않아요. 주민들에게 표를 매수하는 금권선거가 될 수 있다며 선거운동 방식을 엄격하게 규정하고 있죠. 청년들이 도전적으로 선거에 참여할 수 있도록 길을 열어 줘야 합니다.

선거제도에 관한 고민도 이어가야 한다고 생각합니다. 2017년 프랑스 대선 1차 투표에서 마크롱이 받은 득표율은 23.9%에 불과했습니다. 2위였던 마린 르펜이 21.4%의 지지를 받았죠. 그런데 마크롱은 2차 투표에서 66.06%라는 기록적인 득표율을 기록하며 프랑스 대통령에 당선됩니다.* 결선투표제가 있었기에 가능한 일이었죠.

우리나라에서는 20%대의 지지율로는 당선이 불가능합니다. 당내 경선을 뚫기도 쉽지 않습니다. 참고로 국회의원 선거 당내 경선에서 현역 의원이 쉽게 승리하는 법은 4인 경선을 하는 겁니다. 웬만한 현역 의원은 기본적으로 40% 정도의 당원 지지를 받고 있어요. 그러므로 도전자가 3명 이상 나와서 나머지

---

* 앙 마르슈의 에마뉘엘 마크롱 당시 후보는 66.06%의 득표율을 얻어 33.94%를 득표한 국민전선의 마린 르펜 후보를 따돌렸다.

60%를 나눠 가져야 하는 상황이 되면 현역 의원을 꺾을 방법이 없습니다. 이런 현실에서 벗어나 어떻게 하면 경선에 정치 신인들이 더 원활히 도전할 수 있을지 고민해야 합니다. 꼭 결선투표제를 도입해야 한다는 주장은 아닙니다. 선거제도를 개선할 방법을 여러모로 모색해야 한다는 말입니다.

5 ▶ 약은 약사에게 청년 문제는 청년에게

국회에서 일하던 2018년 가을, 의자에 기대어 앉아 멍하니 허공을 보다 문뜩 '참 평온하다.'라는 생각이 들었습니다. 국정농단 사태 이후 더불어민주당이 정권교체에 성공해 문재인 정부가 집권했고, 박근혜 전 대통령은 재판을 받고 있었습니다. 오래도록 느껴 왔던 한국 사회의 부조리가 정말 많이 해결됐다는 생각이 주마등처럼 스쳐 지나갔습니다.

저는 대학교 2학년생이던 1992년에 총선 자원봉사자로 정치를 처음 시작했습니다. 선거운동 중 서울 시내 한복판에서 정치깡패에게 납치당할 뻔했는데 "민자당 깡패가 사람 친다."라는 제 고함을 듣고 모여든 시민들의 도움으로 간신히 구조된 기억이 있습니다. 당시는 정치깡패들이 투입돼 김대중 후보를 지지

한다고 발표하는 청년 조직을 두들겨 패는 사건*도 비일비재한 시대였습니다. 말 그대로 목숨 걸고 선거해야 했습니다. 그래도 더 나은 나라를 만들어 보고 싶다는 들끓는 마음으로 정치에 임했습니다.

지난 몇십 년 동안 우리나라는 급격하게 바뀌었습니다. 선거 제도, 정치, 나아가 사회 전반이 변화했습니다. 미약하지만 이전보다 조금이나마 더 평등하고 자유로운 사회가 됐습니다. 선거 운동 중에 정치깡패에게 구타당할 걱정을 하지 않아도 됩니다. 명절에 어머니를 비롯한 여성들만 주방에서 허리 굽어 가며 전 부치는 대신, 가족끼리 둘러앉아 휴일을 즐기거나 여행 다니는 문화가 생겨났습니다.

20대 때는 부딪히고 깨지면서 고치려 해 봐도 결코 바뀌지 않았던 철옹성 같은 한국 사회의 문제점들이 50대에 이르러 자연스레 해결되는 모습을 보면서 감회가 새로웠습니다. 한 세대가 정치적으로 성숙해진다는 말은 그 세대가 사회의 주도권을 잡아가는 과정에서 과거에 공유했던 문제의식에 기초해 사회를 시나브로 바꿔 간다는 뜻인가 봅니다. 그래서일까요? 이리 구르고 저리 굴러 50대가 된 지금, 한편으로는 '이 정도면 많이 괜찮아졌다.'라는 생각이 들기도 합니다.

---

* 박병선, "[야고부] 야만의 시대", 〈매일신문〉, (2019.5.6.), https://news.imaeil.com/page/view/2019050518112834132

각 세대는 각자의 경험을 토대로 한 문제의식을 공유합니다. X세대는 IMF를 실존적 위협으로 느꼈습니다. 어느 날 부모님이 실직해 생계가 막막해진 경험, 부푼 마음으로 취업한 직장에서 하루아침에 해고 통보를 받은 경험 등등 말이죠.

하지만 그건 우리 세대의 이야기일 뿐입니다. 지금의 2030세대는 책이나 매체를 통해 IMF를 어렴풋이 짐작할 뿐 당시의 고통을 오롯이 이해할 수 없습니다. 대화하고 경청한다고 해서 알 수 있는 것이 아닙니다. 그 세대의 구성원이어야 비로소 이해할 수 있는 정서가 있어요. 2030세대의 고충 역시 마찬가지입니다. X세대, 586세대가 아무리 짐작해 봐야 2030세대의 정서를 완벽하게 이해할 수는 없습니다.

청년들이 모이는 여러 온라인 커뮤니티가 있습니다. 둘러보면 청년들이 느끼는 상실감을 짐작이나마 해 볼 수 있습니다. 단지 남성이라는 이유로 잠재적 가해자로 몰렸던 경험이나, 남성이기 때문에 언제나 양보해야 한다는 사회적 인식에 관한 좌절감 섞인 글들이 올라옵니다. 마찬가지로 여성들도 취직, 육아 등 일상의 여러 방면에서 여전히 구조적 차별을 받고 있습니다. 실존적인 고통을 겪고 있는 이들을 페미니스트, 안티페미니스트라고 규정하고 공격해서는 안 됩니다. '너희들은 고충을 겪고 있지 않다.'라는 식의 태도는 사실 왜곡이죠.

이들 세대 역시 50대의 우리 세대가 그렇듯 세월의 흐름을 따라 둥글게 바뀌어 갈 겁니다. 결혼해서 가정을 꾸리고 부인이 임신·출산과 육아 과정에서 직장으로부터 부당한 대우를 받는다는 사실을 알게 되면 생각이 달라지겠죠. 하지만 2030세대의 정서를 알지 못하는 기성세대는 이들을 비판하고 무언가로 규정하기에 급급합니다. 맞지 않는 방식이라고 생각합니다.

결국 청년들 역시 직접 자기 목소리를 내야 합니다. 주도권을 갖고 자기 정치를 하지 않는 이상 문제는 해결되지 않습니다. 각 세대와 성별의 고통은 그 집단에서만 정치적 어젠다로 발전시킬 수 있습니다. 대변할 수 있는 정치 조직을 마련하고 공론장으로 들어와야 합니다. 이 과정에서 세대교체가 일어납니다. 이는 우리 사회가 반드시 거쳐야 할 단계라고 생각합니다. 청년이 단지 피상적인 이미지로만 소비되지 않고 자기 정치를 할 수 있기를 기대합니다.

3부
윤석열 알고리즘 대해부

• LIVE

▶ '대체 왜 저러는데?' 윤석열 정부의 국정 운영 방식을 살펴보면 고개를 갸웃거리게 됩니다. 그동안 우리나라에서는 진보가 됐든 보수가 됐든 여러 정부가 집권해 왔지만, 윤석열 정부처럼 '게임의 규칙'을 파괴하는 정부는 처음입니다. 유례가 없는 만큼 이해하기도 어렵습니다. 무슨 말이냐 하면, 대통령의 국정 철학을 이해하기 위해서는 해석이 필요하다는 뜻입니다.

일부 유권자분들은 문재인 정부가 너무 싫어서 윤석열 대통령을 찍으셨을 겁니다. 검사 시절 보여 줬던 적폐청산의 기개를 잘 펼쳐 보이리라는 기대였을 겁니다. 하지만 임기의 절반도 지나지 않은 지금, 윤석열 대통령에게 투표하신 분들마저도 고개를 절레절레 내두르시는 상황이 됐습니다. 반대 진영은 물론이거니와 지지자들까지도 윤석열 정부를 외면하게 된 이유는 무엇일까요? 낱낱이 파헤쳐 보려 합니다.

1장

윤석열 대통령은
뉴라이트인가요?

뉴라이트New Right란 말 그대로 '신우익'으로 애국보수로 통칭하는 올드 라이트Old Right와 대비되는 개념입니다. 우리나라에서 뉴라이트 세력이라고 하면 2000년대 중반 김대중, 노무현으로 이어지는 민주 진영의 집권에 위기의식을 느껴 규합한 신보수주의 집합을 일컫죠. 여기에는 경제학을 전공한 일부 학자와 80년대 운동권 이탈 세력이 포함돼 있습니다.

윤석열 대통령처럼 사법고시를 보고 검사 공무원으로 생활한 분들은 뉴라이트를 접할 기회가 없었을 거로 봅니다. 실제 윤석열 대통령은 2022년까지만 하더라도 "경제가 우선이지 무슨 이념이냐."라고 했으니까요. 하지만 2023년에 들어서자 갑자기 "이념이 중요하다."라고 말을 바꿉니다. 이념적 진공 상태였던 윤석열 대통령이 최근에 뉴라이트 사상을 머릿속에 채우면서 본인을 이념적으로 규정하기 시작하지 않았나 생각합니다.

1 ▶ 윤석열 대통령은 처음부터 뉴라이트였을까?

윤석열 대통령은 어떤 계기로 뉴라이트가 됐을까요? 〈한겨레〉의 강희철 논설위원이 쓴 '이념 전사 윤석열 어떻게 탄생했나'[*]라는 칼럼에서 윤석열 대통령이 뉴라이트로 변하게 된 시점을 가늠해 볼 수 있을 것 같습니다. 강희철 논설위원은 칼럼에서 본인이 2017년 당시 윤석열 검사장으로부터 개인 SNS로 사진 몇 장을 받은 일화를 소개합니다. 윤석열 대통령이 미국 '처치위원회'[**]에 관한 책의 구절 일부를 촬영한 사진을 보내면서 매카시즘 시대의 권력 남용을 파헤쳤던 처치위원회가 우리나라에도 필요하다는 취지의 이야기를 했다고 합니다. 이때까지만 해도 윤석열 대통령은 국가 권력이 개인을 억압하는 일을 반대하는 입장이었던 겁니다.

윤석열 대통령이 태초부터 뉴라이트는 아니었다는 정황은 또 있습니다. 강희철 논설위원은 이철희 전 정무수석의 회고를 인용합니다. "윤 당선인이 그러더라. 야당하고 적극적으로 소통도 하고 술도 한잔씩 하면서 허심탄회하게 해볼 거라고. 거짓말

---

[*] 강희철, "'이념전사 윤석열'은 어떻게 탄생했나 [아침햇발]", 〈한겨레〉 (2023.9.4.), https://www.hani.co.kr/arti/opinion/column/1106882.html

[**] 처치위원회Church Committee, 미국 중앙정보부CIA, 미국 국가안보국NSA 및 연방기관의 인권 침해를 조사하기 위해 1975년에 설립된 상원 특별위원회로 공식 명칭은 '정보 활동에 관한 정부의 운영정책 검토 소위원회'다. (출처: 〈한겨레〉)

이었다고 보지 않는다." 이 말에 따르면 당선인 시절까지만 해도 윤 대통령은 지금처럼 이념에 경도돼 야당과 대화를 단절하려 하지는 않았던 것으로 보입니다. 즉, 뉴라이트 사상을 주입받아 이념적이고 독단적으로 굴게 된 시점은 대통령 취임 전후라는 이야기입니다.

강희철 논설위원은 그 이유가 유튜브 때문이라고 꼬집습니다. 밤낮으로 혼자 또는 부인과 같이 유튜브를 보는 탓에 사상적으로 경도됐다는 거죠. 저는 여기에 더해 뉴라이트 인사들이 대통령의 주변을 채우고 있다는 사실도 같이 짚고 싶습니다. 우리가 주목할 사람은 장경상 제2정무비서관, 김태효 안보실 차장, 한오섭 국정기획실장, 김영호 통일부 장관입니다. 뉴라이트의 사고방식을 갖고 있으면서 대통령과 비교적 가깝게 소통하는 인물들이죠. 대통령이 김태효에게 가스라이팅 당한 것은 아닌지 모르겠다는 이야기가 국민의힘 내부에서도 나오는 판국입니다. 이런 사람들에게 영향을 받아 윤석열 대통령이 점점 뉴라이트에 치우치게 되지 않았나 싶습니다.

2 ▶ 통일혁명의 주인공 윤석열 대통령

현재 뉴라이트를 주도하는 운동권들이 가진 생각의 뿌리를 볼 필요가 있습니다. 뉴라이트의 사상적 근저를 이해하기 위해서는 이들의 정신에 아로새겨진 마르크스주의에 대해 알아야 해요. 마르크스주의의 요체인 변증법적 유물론에 의하면, 역사는 5개의 발전 단계를 거쳐 결국 공산사회에 도달하게 됩니다. 오늘날 근대 자본주의에 이르기까지 인류는 원시 공동사회, 고대 노예사회, 중세 봉건사회라는 3단계를 거쳤고, 결국 혁명을 통해 자본주의에서 공산사회로의 전환이 필요하다고 보고 있죠.

저는 우리나라 뉴라이트가 마르크스주의의 유물론적 사관에 기반을 둔 단계론적 사고에서 한 치도 벗어나지 못했다고 진단합니다. 단지 공산사회가 자유민주주의사회로 대체됐을 뿐입니다. 대표적인 뉴라이트 서적 《한국 자유민주주의와 그 적들》*을 살피면, 뉴라이트는 한국의 근현대사도 변증법적 유물론에 따라서 해석할 수 있다고 보고 있습니다. 본인들이 자의적으로 정한 중대 국면에 따라 대한민국이 결정론적인 역사 발전 단계를 거쳐 왔고, 결국 혁명을 통해 다음 발전 단계로 넘어갈 수 있다고 굳게 믿고 있죠. 더 큰 문제는 자기 세대 안에서 혁명을 완수할 수 있다는 종말론적인 착각에 빠져 있다는 점입니다. 이들은 현재를 역사 발전의 최종 단계로 넘어가기 위한 최종 혁명의 순간이라고 보고 있습니다.

---

* 노재봉, 김영호, 서명구, 유광호, 조성환, 《한국 자유민주주의와 그 적들》, 북앤피플, 2018.

뉴라이트 사관에서 한국 근현대사를 가르는 첫 번째 혁명은 이승만의 '민주혁명'입니다. 뉴라이트는 종국적으로 자유민주주의의 완성을 추구합니다. 이들이 보기에 이승만 대통령은 대한민국에 자유민주주의가 출현할 수 있도록 토양을 닦은 영웅이죠. 자유민주주의를 위협하는 공산주의 세력과 맞서 한미동맹의 효시라고 할 수 있는 한미상호방위조약을 체결했으니까요. 나라가 두 동강이 났어도 어쨌든 한반도에 자유민주주의 국가의 튼튼한 토대를 마련한 대통령이라는 겁니다.

그다음 단계로는 박정희의 산업혁명을 거론합니다. 마르크스주의를 원류로 삼는 많은 운동 사상이 그랬듯 뉴라이트 역시 상당히 계몽주의적이에요. 엘리트 출신인 뉴라이트 인사들이 보기에 민중은 무지몽매해서 계몽해야 하는 객체입니다. 이들에게 박정희 대통령은 산업혁명을 통해 민중의 수준을 한 단계 업그레이드한 영웅입니다. 자유민주주의가 뿌리를 내리려면 국민의 물질적·정신적 수준을 끌어올리는 근대화가 필요한데, 박정희 대통령이 국민 소득을 증대시켜 기초를 다졌다는 거죠.

부연하자면 ==뉴라이트 세력은 정치 행위자의 의도가 어떻든 개의치 않고 근대화에 기여만 했다면 높게 평가하는 경향이 있어요. 그런 맥락에서 일제강점기 또한 단순한 식민 통치 이상의 시기로 간주합니다.== 어쨌든 일본이라는 선진 문물을 받아들인 나라가 조선을 점령해서 철도를 깔아 주고, 논밭 관개를 정비해 주고, 문맹률을 낮춰 줬다는 논리죠. 이 또한 근대화 과정이었기에 일본의 강제 점령을 긍정적으로 볼 면이 있다고 주장합니다. 소위 식민지 근대화론적 사관인 겁니다.

이승만의 민주혁명과 박정희의 산업혁명을 거쳤으니, 뉴라이트 딴에는 역사 발전의 최종 단계에 진입해야 합니다. 이들이 생각하는 혁명은 공산전체주의 국가인 북한을 한반도에서 밀어내고 한반도 전역에 걸쳐 자유민주주의 나라를 건설해야 완성됩니다. 이른바 '통일혁명'을 완수해야 한다는 겁니다.

그런데 뉴라이트의 통일혁명에도 영웅적 인물이 필요합니다. 그렇다면 통일혁명의 주인공은 누가 될까요? 이때 '난가?' 병에 걸린 윤석열 대통령이 등장합니다. 지금 그는 '이걸 내가 해야겠구나. 건국의 아버지 이승만 대통령과 산업혁명을 일군 박정희 장군에 이어 통일혁명의 윤석열이 돼야겠다!'라고 상상하고 있지 않나 싶습니다.

다시 말해, 윤석열 대통령 본인이 남북을 통일해 무결한 자유민주주의 한반도를 이룩하겠다는 겁니다. 이로써 체제 전쟁에서 종국적인 승리를 거둬 역사 발전을 완성하겠다는 뜻이죠. 이거 너무 종말론적인 생각 아닌가요? 다음 세대에 종말이 온다고 주장하는 종말론자가 없듯, 뉴라이트도 자기 세대에 혁명 과업을 완수해야 한다고 생각합니다. 한반도의 역사 발전은 오늘 여기서 끝나므로 공산전체주의에 맞서 최후의 결전을 벌일 자유민주주의의 주인공이 나타나야 한다는 영웅주의적 사관이기도 하고요. 지금은 그 주인공이자 영웅이 '윤석열 대통령 각하'라는 겁니다.

한반도의 운명을 짊어진 뉴라이트의 영웅 윤석열 대통령의 어깨가 무거울 수밖에요. 윤 대통령은 내부로는 적을 솎아내고 외부로는 미국과 일본이라는 자유민주주의의 첨단을 걷는 나라들과 연대해야 한다고 주장합니다. 공산전체주의 세력이 호시탐탐 남침을 노리며 핵무기와 잠수함을 개발하니까 통일혁명을 완수하기 위해 행동해야 한다는 이야기죠. 동맹을 통해 세력을 구축하고 종국에는 북한을 밀어내 통일혁명을 이루겠다는 발상이에요.

3 ▶ 뉴라이트를 입에 올리다

"그로부터 104년이 지난 오늘 우리는 세계사의 변화에 제대로 준비하지 못해 국권을 상실하고 고통받았던 우리 과거를 되돌아봐야 합니다. 지금의 세계적 복합 위기, 북핵 위협을 비롯한 엄혹한 안보 상황 그리고 우리 사회의 분절과 양극화의 위기를 어떻게 타개해 갈 것인지를 생각해 봐야 합니다."

윤석열 대통령의 3·1절 104주년 기념사 중 일부 내용이에요. 104년 전의 불행은 일제강점을 말합니다. 윤석열 대통령은 3·1절 기념사를 통해 북한에 의한 강점이 일어날 수 있다는 이야기를 한 겁니다. 3·1절은 조선 민중이 일제 침략에 맞서 대한독립 만세를 외쳤던 역사를 기리는 날입니다. 그러나 대통령 눈에는 3·1절의 취지가 눈에 들어오지 않습니다. 그저 북핵 위협으로부터 남한을 지켜야 한다는 생각만 가득한 겁니다.

윤석열 대통령은 평화를 말하다가는 대한민국이 북한에 먹힐 수 있는 상황이라고 한반도 정세를 진단합니다. 그런데 100년 전 일제가 한국을 강점했던 것처럼 우리가 북한에 강점될 상황인가요? 상식적인 국민 대부분은 아니라고 생각하는데, 유독 뉴라이트와 대통령은 그런 생각에 푹 빠져 있습니다.

8·15 기념사부터는 윤석열 대통령이 본격적으로 뉴라이트의 주장을 대변하기 시작합니다. 독립운동을 두고 자유민주주의 국가를 만들기 위한 건국운동이었다고 말하죠. 심각한 문제입니다. 바로 헌법을 부정하는 발언이기 때문이에요. 우리 헌법 전문에는 1919년에 상해 임시정부가 수립됐고 임시정부의 법통을 계승한다고 명시하고 있습니다. 윤석열 대통령은 '독립운동은 건국운동'이라는 모호한 표현을 빌려 광복절의 의미를 희석합니다. 1948년에 자유민주주의 국가를 세웠을 때부터가 대한민국의 역사라는 주장의 밑밥을 까는 거예요.

이러니 홍범도 같은 독립영웅을 제대로 처우할 리 있을까요? 뉴라이트의 시각에서 안중근, 윤봉길과 같은 독립영웅은 총 들고 설치며 일본군을 죽인 우매한 조선 사람에 불과합니다. 미개한 민족주의를 신봉하는 이들이 왜 중요하냐는 거죠. 뉴라이트에게 홍범도는 소련에 가서 죽었으니 자유민주주의 국가를 세우는 데 이바지한 바가 없는 인물입니다. 나아가 김일성에게 6·25전쟁을 허락한 스탈린에게 머리 숙였기 때문에 공산주의자일 뿐이라는 겁니다.

기념사에는 "그럼에도 불구하고 공산전체주의를 맹종하며 조작 선동으로 여론을 왜곡하고 사회를 교란하는 반국가세력이 여전히 활개 치고 있습니다."라는 문구가 있습니다. 대체 21세기 대한민국에서 누가 공산전체주의를 맹종하겠습니까? 나이 지긋한 북한 노인이 손녀뻘 되는 김주애*에게 무릎 꿇는 장면을 보면서 '빨리 김정은 장군님 품에 안기고 싶다.'라고 생각하는 대한민국 국민이 몇 명이나 될까요?

물론 국정원에서 간첩을 꾸준히 검거하니 남파 간첩이 아예 없다고는 못 하겠습니다. 하지만 이들의 조작 선동에 여론이 좌우될 만큼 대한민국 국민이 우매하지는 않습니다. **대통령과 뉴라이트 세력만 유독 북한을 과대평가합니다. 아무리 생각해 봐도 우리나라 최고의 친북주의자들은 뉴라이트 세력과 이들을 추**

---

* 김정은 북한 국무위원장의 딸

종하는 보수 유튜버들 같습니다. 대한민국 국민을 얼마나 어리석다고 생각해야 이런 발언을 할 수 있는지 모르겠네요.

공산전체주의라는 용어도 뉴라이트가 만든 말입니다. 뉴라이트의 세계관에서는 자유민주주의가 전체주의와 격돌합니다. 그런데 전체주의라는 말이 생소하니 여섯 글자 운율을 맞출 겸 앞에 '공산'을 붙입니다. 어떤 사회학 서적에서도 '공산전체주의'라는 단어는 찾아보기 힘듭니다. 2022년 8·15 기념사에서는 찾아볼 수 없었던 '공산전체주의'라는 충격적인 단어가 1년 사이에 윤석열 대통령에게 주입됐다고 봐도 무리는 아닐 겁니다.

대한민국 대통령이면 언제나 북한의 무력 침공에 대비하는 자세를 가져야 합니다. 하지만 안보를 걱정하는 자세는 이념이 아니라 명확한 현실 진단에 기초해야 합니다. 공산전체주의가 우리나라를 침범하고 더불어민주당, 민주노총, 시민사회단체, 태양광 관계자들이 모여 내부에서 호응할 것이라는 망상은 오히려 한반도를 위험에 빠뜨릴 수 있습니다. 뉴라이트적 세계관에 푹 절어 세상을 대결적인 국면으로만 보는 윤석열 대통령이 진정 대한민국의 국가 안보를 위한다고는 볼 수 없어요. 뉴라이트, 극우 유튜버, 종합편성채널, 자신을 지지하는 30%의 국민이 똘똘 뭉쳐 대한민국을 지탱하고 있다는 위험한 발상을 접어야 할 텐데 큰 걱정입니다.

윤석열 정부의 뉴라이트 외교는 왜 위험한가요?

과거에는 반공만 열심히 하면 외교가 됐습니다. 냉전 시대에는 전선이 확실했고, 고려해야 할 국제적 요인이 지금처럼 많지 않았기 때문입니다. 당연히 외교 문제에 대한 국내 갈등도 적은 편이었죠. 그런데 우리나라의 국력이 올라가고 한반도를 둘러싼 지정학적 정세가 요동치면서 풀어야 할 외교 문제가 더욱 복잡해지고 있습니다. 미국뿐만 아니라 중국, 러시아, 일본 등 다양한 국제정치 주체들이 얽혀 있죠. 하지만 윤석열 정부에 들어와서는 복잡한 외교 문제를 해결하기는커녕 좌충우돌하는 모습만 보여 주고 있습니다. 이번 장에서는 윤석열 정부의 대책 없는 뉴라이트 외교가 어떤 스노우볼*이 돼서 돌아올지 알아보려 합니다.

---

* 스노우볼 효과snowball effect. 어떤 현상이 작은 출발점에서 시작해 눈덩이처럼 불어나는 과정을 비유적으로 이르는 말로 워렌 버핏이 언급하며 유명해졌다.

1 ▶ 신냉전을 기원하는 뉴라이트

앞서 뉴라이트의 성격과 윤석열 대통령에게 뉴라이트 사상이 주입됐다고 보는 이유를 설명했습니다. 뉴라이트적 관점에서 현재 국제사회는 자유민주주의와 공산전체주의가 일대 격돌을 벌이고 있는 상황이죠. 이럴수록 한미일과 북중러의 대립 구도를 만들어서 신냉전을 격화해야 한다는 것이 국제정세에 대한 뉴라이트식 처방입니다. 다른 선택지도 많은데 신냉전을 격화해야 하는 이유는 뭘까요? 북한이 날을 세울수록 한국과 미국의 동맹이 공고해지기 때문이라고 합니다.

뉴라이트에 한미동맹은 불변의 최우선 가치입니다. 자유민주주의의 기수 국가인 미국과 딱 붙어 있는 것이 가장 중요하다고 보기 때문입니다. 남북관계가 개선되면 군사적 차원에서 동맹의 필요성이 약화될 테고 한미동맹이 느슨해질까 봐 우려합니다. 뉴라이트로서는 하늘이 두 쪽 나도 막아야 하는 일이 벌어지는 겁니다. 그렇기 때문에 뉴라이트에 사고체계가 잠식된 윤석열 대통령 또한 계속 한미일-북중러 대립 구도를 강화하려고 합니다.

발상이 새롭지 않나요? 북한의 위협에 대응하기 위해 한미동맹이 필요한 것이 아니라 한미동맹을 강화하기 위해 북한과의 대치가 격렬해져야 한다는 논리입니다. 뉴라이트가 달성하려는 외교적 목표는 신냉전 구조를 만드는 겁니다. 그리고 대한민국이 자유민주주의 진영의 선봉 국가가 돼 신냉전 전선에서 앞장서야 한다고 보고 있습니다.

뉴라이트가 북중러와 적대하는 모범 사례로 끌고 오는 케이스가 일본입니다. 뉴라이트가 공부를 열심히 안 한다는 사실이 여기서 딱 티가 납니다. 애당초 일본과 우리나라는 사정이 다릅니다. 2차 세계대전 패전국인 일본은 외교와 국방을 미국에 오마카세처럼 맡겨 왔죠. 그러니 우리나라와 비슷한 강도의 메시지를 낸다고 해도 외국으로부터 비판을 덜 받을 수 있습니다.

게다가 일본은 전체 경제에서 내수 시장이 차지하는 비율이 85%에 육박합니다.* 중국과의 관계 악화로 입을 수 있는 수출 타격의 정도가 우리나라의 처지와 전혀 다르다는 이야기입니다. 한국은 국내 총생산 대비 수출이 차지하는 비중이 43.8%로 다른 선진국들보다 굉장히 높은 편입니다.** 주요 수출입국과의 외교 관계가 무엇보다도 중요합니다. 특히 지난 20년 동안 우리가 중국과의 무역을 통해 일궈낸 흑자는 전체 무역 흑자의 80%에 달합니다.*** 안미경중이라며 안보는 미국, 경제는 중국을 강조해

---

* 이대희, "한계 봉착한 한국의 수출주도형 모델, 그 대안은…", 〈프레시안〉, (2023.2.27.), https://www.pressian.com/pages/articles/2023022318000068287
** 김기환, "韓도 이젠 GDP 비중 소비〉수출인데…폭우·폭염 '악재' 겹겹", 〈중앙일보〉, (2023.8.10.), https://www.joongang.co.kr/article/25183942#home
*** 김재현, "한국 '적자' 대만 '흑자'…대중 무역 성적표 '이것'이 갈랐다", 〈머니투데이〉, (2022.11.6.), https://news.mt.co.kr/mtview.php?no=2022110310272652354

온 이유도 바로 이 때문이었습니다. 하지만 뉴라이트는 이런 경제적 상황을 고려하지 않고 이념에 입각한 한미동맹만 강조하고 있습니다. 이는 대통령의 생각에도 반영됐는지 "가장 중요한 게 이념"이라고 직접 말하기도 했죠.

2 ▶ 한미일 대 북중러

미국의 네오콘*은 시진핑이 마오쩌둥과 덩샤오핑을 잇는 3대 주석으로 등극하기 위해 통일된 중화대제국을 건설하려 할 것이라고 점칩니다. 집권 3기에 접어든 시진핑이 가시적인 성과를 내기 위해 대만을 집어삼킬 것이라고 주장합니다.

저는 네오콘의 시나리오대로 국제정세가 극단으로 치달을 가능성이 작다고 봅니다. 중국의 대만 침공은 미국에 정면 승부를 걸겠다는 의미입니다. 그런데 중국이 지금 미국과 정면으로 맞붙을 수 있는 상황일까요? 중국은 부동산 시장의 붕괴 때문에 내수 시장이 엉망진창인 데다 인구까지 줄고 있습니다. 내부 문제로 골머리 앓고 있는 마당에 세계 최강 미국에 한판 붙어보자

---

* 네오콘Neocon. 새롭다는 뜻의 네오Neo와 보수주의를 뜻하는 컨서버티즘Conservatism의 합성어. 네오Neo는 뉴New라는 뜻이고, 컨서버티즘Conservatism은 우파를 뜻하는 라이트Right와 동의어로 한국의 뉴라이트쯤으로 볼 수 있다.

고 선포한다는 것은 불가능에 가까워요. 대만을 때려서 미국과 전면전을 치를 능력도 모자라지만, 뒤따라올 것이 불을 보듯 뻔한 경제 제재까지 당하면 답이 없습니다.

우리나라 보수의 생각은 다른 듯합니다. 당장 〈조선일보〉만 하더라도 중국이 북한에 한국과 국지전을 벌이도록 사주할 수 있다고 보도했습니다.* 중국이 대만을 침공할 때 주한미군이 개입하지 못하게 하는 전략이라는 말입니다. 하지만 애당초 김정은이 시진핑의 사주대로 움직일까요? 혹시 사주대로 도발한들 보수의 예상처럼 국지전에서 그칠까요? 북한은 핵미사일을 보유한 나라입니다. 어떤 미사일이 날아올지 모르기 때문에 일단 시작하면 국지전이 아니라 전면전일 수밖에 없습니다.

그리고 미국이 남북 간의 국지전이 일어나도록 내버려둘까요? 수도권에서 전쟁이 벌어지면 반도체 생산 공정이 무너집니다. 우리나라에서 반도체를 생산하지 못하면 도미노처럼 전 세계 주요 산업이 중단됩니다. 미국은 자국의 경제적 이익을 위해서라도 한반도에서의 전쟁을 방치할 수 없습니다. 중국의 사주를 받은 북한의 도발로 국지전이 벌어진다는 이야기는 말도 안 되는 주장이고, 또 이를 토대로 한미일 동맹을 강화해야 한다는

---

* 윤희영, "[윤희영의 News English] 중국, 대만 침공보다 북한의 남침 원한다", 〈조선일보〉, (2023. 8.16.), https://www.chosun.com/opinion/specialist_column/2023/08/15/DT65LBZXSNCMTKMMK4HU4DY33U/

주장 역시 헛소리에 불과합니다.

우리와 실질적으로 영토 분쟁 중인 나라는 일본입니다. 일본은 여전히 독도 영유권을 주장하고 있어요. 일본은 주변국들과의 영토 분쟁에서 승리하기 위해 2007년 아베 신조 집권기부터 인도-태평양 전략을 들고나왔습니다. 인도해와 태평양의 해상 세력을 하나로 묶어 중국을 견제하자는 거죠. 대륙세력과 해양 세력의 대결로 전선을 새롭게 구성하고, 이를 통해 일본은 중심국으로 발돋움하겠다는 겁니다.

미국은 일본이 꺼내 든 인도-태평양 전략을 처음부터 수용하지 않았습니다. 괜한 긴장을 조성해서 중국과의 교역을 방해할 수 있다고 판단해서였습니다. 하지만 이후 대통령에 당선된 트럼프는 미국우선주의를 강조하는 사람이었습니다. 트럼프가 계산기를 두드려 보니 아시아 태평양 지역에 들이붓는 돈이 너무 많았던 겁니다. 그래서 트럼프의 미국은 인도-태평양 전략을 받아들이고 본인들은 한발 물러서면서 일본에 인도-태평양 지역을 관할할 권리를 주기로 합니다.

일본은 인도-태평양 전략을 통해 영토 분쟁에서 우위를 점하려 하는 중입니다. 일본은 중국과는 센카쿠 열도를 두고 분쟁 중이고, 러시아와는 쿠릴 열도를 두고 다투고 있죠. 한반도를 인도-태평양 전략 아래 두겠다는 것은 중국 및 러시아와의 긴장 국면을 남북관계로까지 확장하겠다는 뜻입니다. 한국이 북한과 싸우면 일본은 후방기지로서 무기도 생산하고 경제도 키우며 일거양득 하겠다는 속셈이죠. 간단히는 "우린 싸우기 싫으니까 너희가 북한이랑 싸워라."라는 뜻으로 해석할 수 있습니다.

이런 맥락에서 캠프 데이비드 원칙*의 함의를 읽어낼 수 있어야 합니다. 각국에서 분쟁이 일어날 경우 한미일이 서로 돕겠다고 선언했죠. 이 선언이 진짜 위험한 이유는 중국이 대만을 침공하는 '무력에 의한 현상 변경'이 일어났을 때, 우리나라의 참전을 강요한다는 데 있습니다. 현재 시나리오에서는 중국의 대만 침공 시 일주일 안에 대만 전역을 장악하는 상황을 가정합니다. 그렇게 되면 일본 해상자위대와 오커스AUKUS 동맹**의 해상 병력이 대만섬을 1차적으로 감싸 중국 본토와의 해상 교류를 끊습니다. 그 상태에서 미군이 일본을 통해 대만섬으로 상륙해 중국군을 밀어내고 대만을 수복하는 계획입니다.

문제는 일본 육상자위대의 군사력이 대만에서 상륙작전을 펼치기에 약하다는 사실입니다. 여기에 대한민국 해병대를 쓰겠다는 주장이 나옵니다. 공식적인 결정은 아니지만, 가능성이 크다고 점쳐지고 있습니다. 이렇듯 한반도를 둘러싸고 많은 이해관계국이 군사, 경제 등 다양한 요소로 복잡하게 얽혀 있습니다.

---

* 캠프 데이비드 원칙Camp David Principles. 2023년 8월 18일(미국 현지시각) 한미일 3국 정상이 채택한 협력 지침으로, 한·미·일 협력 추진 과정의 원칙을 문서화했다.
** 오커스AUKUS. 호주Australia, 영국United Kingdom, 미국United States의 삼각동맹

문제를 종합적으로 봐야 하지만, 윤석열 대통령은 이념에 따라 자유민주주의 진영이 서로 돕고 살아야 한다는 일차원적인 주장만 반복하는 상황입니다.

3 ▶ 한미일 중심 전략의 부작용

2023년 9월에 김정은 북한 국무위원장은 푸틴 러시아 대통령과 정상회담을 했습니다. 이 만남의 주선자는 누구일까요? 저는 윤석열 대통령이라고 봅니다. 한미일이 밀착하니 북중러도 가까워진다는 뜻입니다. 세간의 인상비평과 달리 세 나라는 그다지 친하지 않은 사이였는데, 이들을 윤 대통령이 가깝게 만든다고 볼 수 있습니다.

당장 문재인 정부 때만 봐도 북한이 지금처럼 자주 미사일을 쏘지 않았어요. 적어도 현상 유지는 됐죠. 반면, 윤석열 대통령 집권 후에는 북한이 미사일을 일상적으로 쏘고 있습니다.* 한미일 군사협력을 강화해 북핵 위기를 줄일 수 있다고 주장했지만, 반대로 한반도의 군사적 긴장감이 커진 겁니다. 물론 우크라이나 전쟁 때문에 러시아로서도 북한이 필요한 측면이 있습니다.

* 박광연, "북한, 올해 미사일 도발 42건 '최다'…대화 모멘텀 '가물'", 〈경향신문〉, (2022.12.26.), https://www.khan.co.kr/politics/north-korea/article/202212262059005

북한이 러시아와 핵잠수함 관련 기술을 공유한다는 이야기도 그 연장선에서 나왔죠.

중국과의 관계도 극도로 나빠지고 있습니다. 지금껏 대한민국 정부는 보수 진보를 막론하고 한국·중국·일본 관계를 '한중일'이라고 불렀어요. 국민도 마찬가지였죠. 정치적 수사修辭가 아니라 관용적 표현이었습니다. 그런데 윤석열 정부는 대뜸 '한일중'이라는 생소한 표현을 쓰기 시작합니다. 중립적 용어에 정치적 의중을 넣기 시작한 겁니다.

더군다나 대통령이 나서서 무력에 의한 현상 변경에 반대한다는 발언을 큰 고려 없이 하고 있습니다. 중국과의 관계는 경제·안보 측면에서 전략적이어야 합니다. 굳이 앞에 나서서 몽둥이를 들고 때릴 수 있다고 으스댈 이유가 없습니다. 그 까닭에 문재인 정부도 아시아 태평양 지역의 평화·안보를 지지한다는 정도로만 견해를 밝혀 왔습니다. 무력에 의한 현상 변경이라는 표현과 달리 중국이 시비를 걸지 않을 만한 수준을 견지한 겁니다. 중국이 전쟁을 일으키는 데는 당연히 반대 의사를 표명해야 합니다. 다만, 그 표현 방법이 더 외교적이어야 한다는 겁니다.

중국과 전략적 관계를 유지해야 한다는 주장에 대해 누군가는 중국 사대주의라고 비난할 수 있습니다. 하지만 국력의 차이와 중국 시장이 우리 경제에 미치는 영향을 냉정하게 바라봐야 합니다. 당장 중국과의 무역을 중단하면 우리나라 경제가 먼저 위기에 처합니다. 국제관계에서는 자국의 이익이 우선입니다. 하물며 노태우 대통령 같은 대표적인 반공주의자도 중국과 교역을 텄습니다. 이념과 별개로 대한민국 경제와 안보에 북방외교가 필요하다는 비전에서였죠.

윤석열 정부만 이념을 빌미로 중국과의 관계 악화로 나아가고 있습니다. 북한을 고립시키기 위해서는 중국·러시아와 우호적인 관계를 유지해야 한다는 것이 북방외교의 기본입니다. 그런데 되레 윤석열 대통령은 한미일 연합을 구축해 북한, 중국, 러시아를 한꺼번에 압박하고 있습니다. 북중러 연합을 부추기는 꼴입니다. 행여 윤석열 정부의 압박이 성공한대도 미국과 일본 대신 최전선에서 '몸빵'을 해야 하는 대한민국은 크게 다칠 수밖에 없습니다.

4 ▶ 신남방정책을 폐기할 것인가

경제적 측면에서 중국에만 올인해서는 안 된다는 사실을 문재인 정부도 잘 알고 있었습니다. 그래서 신남방정책 New Southern Policy을 추진했죠. 신남방정책은 북방외교에 이어 우리나라에서 두 번째로 명명한 외교정책이에요. 아세안 10개국, 그중에서도 VIP라고 일컬어지는 베트남, 인도네시아, 필리핀을 집중적으로 관리하는 정책입니다. 베트남과 인도네시아는 각각 인구가 9,800만, 2억 7,700만에 달하는 큰 시장을 가진 나라죠. 인구 규모가 훨씬 큰 인도와 함께 우리가 장기적으로 신경 써야 하는 매우 중요한 교역국들입니다. 중국 의존도를 줄이려면 수출입에서 중국의 비중을 줄이고 이들 아세안 국가의 비중을 서서히 늘려 가는 전략을 쓰는 것이 당연합니다.

문재인 대통령이 직접 아세안 10개국 정상들과 만나며 총력을 기울였고, 특히 VIP국에는 각각 김현미, 백운규, 강경화 장관을 배정해 특별 관리에 나섰습니다. 그 성과로 최근 인도네시아에 현대자동차 아이오닉5 전기차 공장이 들어섰습니다. 인도네시아 자동차 시장은 일본 본토보다도 일본 자동차의 점유율이 높습니다. 바늘로 쑤셔도 들어갈 구멍이 없어 보였던 나라인데 문재인 대통령이 인도네시아 대통령과 두 번이나 만나면서 문을 열었죠. 중국에 집중된 우리나라의 수출을 다변화하기 위한 노력이 결실을 맺기 시작한 겁니다.

신남방정책에 대해서는 아세안 국가들의 반응도 좋았습니다. 아세안 국가들을 위해 수립한 정책이었기에 아무래도 호의적이었다고 합니다. 윤석열 대통령이 당선되고 나서 문재인 정부 최종건 외교부 1차관에게 아세안 국가 관계자들이 찾아와서 신남방정책이라는 말을 다음 정부에서도 쓰면 좋겠다고 건의도

했다고 해요.* 하지만 윤석열 대통령의 답은 "싫어."였습니다. 윤석열 정부 들어서 신남방정책은 사실상 폐기 절차를 밟고 있어요. 대신에 일본의 인도-태평양 전략을 따르기로 합니다. 윤석열 정부의 외교정책에는 출구가 없습니다. 중국에 뭣 하러 물건 파느냐고 이야기하면서 소통을 단절하더니 신남방정책은 거들떠보지도 않습니다. 참으로 한심하고 걱정되는 상황입니다.

5 ▶ 자주적 외교정책이 필요하다

세상의 모든 문제는 윤석열 대통령과 뉴라이트가 주장하는 식으로 한 방에 해결되지 않습니다. 가령 직장에서 승진하려면 '라인'을 잘 타야 한다지만, 그렇다고 아첨만 잘하면 된다는 말은 아닙니다. 자기 계파 밖의 사람이라고 물 먹이면 승승장구할 수 있을까요? 절대 아닙니다. 겉으로라도 웃으며 호의적으로 대해야 합니다. 무작정 우리끼리 뭉치자는 식의 전략으로는 오히려 계파 자체를 망가뜨릴 수 있어요.

뉴라이트 주자 중 한 명인 김영호 통일부 장관만 해도 흡수통일을 주장하고 있죠. 공산전체주의 세력인 북한을 멸망시켜

* 김성희, 이광수, 최종건, 한윤형,《아무도 행복하지 않은 나라》, p.65, 메디치미디어, 2023.

한반도 전역에 자유민주주의 이념을 퍼뜨리겠다는 목표에 입각해서입니다. 현재 상황에서 흡수통일이 가능한 일인가요? 당장 우리가 북한 2,600만 주민의 경제적 문제를 다 떠안을 필요가 있을까요? 오히려 군사적 긴장을 완화해서 군비 경쟁을 줄이고 비핵화를 실현한 북한이 자립경제로 나아갈 수 있는 구조를 만들어 체질을 개선한 다음에 통일 여부를 논의하는 것이 현실적이고 상식적인 방법이라고 생각합니다.

통일은 우리 다음 세대의 이야기입니다. 우리 세대는 지난 40년 동안 꾸준하게 유지해 온 국익 중심의 다자간 외교 네트워크를 바탕으로 대한민국을 국제 허브로서 기능하도록 가꿔야 합니다. 대한민국은 대륙적 성격과 해양적 성격을 같이 띠고 있는 반도국가예요. 이제 대한민국은 중재자 역할 정도는 충분히 할 수 있는 국력을 갖췄지 않았나 싶습니다.

3장

윤석열 대통령은 왜 자꾸 카르텔을 이야기하나요?

공산전체주의로 관심이 이동하기 전까지 윤석열 대통령은 '카르텔'이라는 말을 빈번하게 썼습니다. 사교육 카르텔, 노조 카르텔, 시민단체 카르텔 등등. 나중에는 스스로 '반카르텔 정부'라고 규정하기에 이르렀습니다. 어떤 주제든 석 달이면 관심을 접던 윤석열 대통령으로서는 꽤 오래 관심을 둔 셈이죠. 윤석열 대통령은 왜 계속 카르텔을 언급할까요?

1 ▶ 특수부 패밀리십

윤석열 대통령을 이해하려면 검사 중에서도 특수부 검사의 특징을 이해해야 합니다. 현재 검사 정원은 2,300명 내외고, 그중 90%는 공판 검사, 형사부 검사입니다. 나머지 소수의 엘리트 검사가 공안 검사와 특수부 검사가 됩니다. 공안 검사는 상대적으로 온실 속에서 정부가 키우는 대로 자랍니다. 선거사범과 간첩 잡는 일을 주로 하죠. 반면, 특수부 검사 중에는 성정이 거친 사람이 많고, 자기들끼리 똘똘 뭉치는 특성이 있습니다.

할리우드 영화에 곧잘 등장하는 SWAT 경찰특공대의 철칙은 맨 앞사람부터 맨 뒷사람까지 일정한 간격을 유지하면서 작전지에 진입한다는 겁니다. 적진에 침투할 때 특정 지점을 정해 집중 사격을 하며 돌파해 가죠. 이때 전방과 후방의 줄이 끊기면 고립될 위험에 처합니다. 그래서 대열이 끊어지지 않도록 간격을 유지하는 데 공을 들이죠. 특수부 검사들이 대기업 현대와 삼성을 수사하러 들어갈 때도, 권력기관을 수사하러 들어갈 때도 마찬가지예요. 전투 같은 수사에서 특수부끼리 끈끈히 대열을 다잡으며 생사가 오가듯이 격무를 진행하다 보면 말 그대로 원팀이 되죠.

그렇다면 특수부 검사들은 어떻게 승리하느냐? '구속하면 우리가 이긴 것'이라는 특수부만의 논리가 있습니다. 이들에게 판결은 중요하지 않아요. 행여 구속한 피고인이 풀려나도 본인들은 구속했으니 소임을 다했다고 생각합니다. 재벌과 정부가 야합하거나, 정권 입맛에 따라 피의자가 풀려나기도 하고, 재판에서 솜방망이 처벌을 받은 경우도 허다하니 '구속했으니 우리가 이겼다.'라는 정신승리로 위안을 삼을 만도 합니다.

윤석열 대통령은 이 검찰 조직을 대거 등용합니다. 국가보훈부 장관에는 박민식 검사를 앉혔어요. 법제처장은 주로 판사가 맡는 자리인데 이완규 검사를 임명했습니다. 국정원 기획조정실장 자리에도 조상준 검사가 가 있었는데 검찰이 국정원을 쥐고 흔들겠다는 의도가 엿보이죠. 조상준이 조직 장악에 실패하자 그 자리에 또 김남우 전 차장검사를 밀어 넣었습니다. 그뿐만 아니라, 책임총리제를 한다면서 국무총리 비서실장 자리에도 박성근 검사를 임명했습니다. 총리 비서가 아니라 총리 감시자를 심어 놓은 것 아니냐는 힐난이 나올 수밖에 없습니다.

인사 라인 자체에도 검찰 출신들이 포진해 있습니다. 윤석열 정부의 인사 추천은 복두규 인사기획관이 맡고 있습니다. 대검 사무국장을 했던 인물이죠. 공직기강비서관도 검사 출신 이시원입니다. 증거를 조작해 멀쩡한 민간인을 간첩으로 만들었던 유우성 사건의 담당 검사였습니다. 검찰 출신 복두규가 인물을 추천하고 한동훈 검사가 법무부에서 검증한 다음, 이시원 검사가 대통령에게 보고하는 시스템입니다. 심지어 대통령실 예산을 관장하는 총무비서관도 성추행 파문으로 논란을 샀던 윤재순 대검 운영지원과장입니다. 가히 '검찰공화국'이라고 할 만하죠.

2 ▶ 검사 윤석열의 세계관

외국에서는 수사를 경찰이 담당합니다. 검찰은 혹시 경찰이 억울한 사람을 수사하지 않는지, 피의자의 인권을 해치지는 않았는지 감시하는 최후의 보루 역할을 합니다. 그런데 우리나라에서는 검사가 직접 수사합니다. 그래서 검사의 관점에서 봤을 때, 내가 잡아넣은 사람은 반드시 나쁜 놈이어야 합니다. 나와 적, 정의와 불의, 검찰과 피의자로 세상을 나눠요. '나는 선이고 너는 악이다.'

그간 절대 '선'이 돼서 '악'과 싸워 온 윤석열 대통령은 자신의 수사가 윗선에서 가로막힌 경험이 쌓이면서 스스로 느꼈던 바가 컸을 겁니다. 국정원 댓글 사건을 양껏 수사하고 싶었지만, '이쯤에서 끊으라.'라는 검찰총장의 훼방으로 대구고검으로 쫓겨나기도 했죠. 다시 검찰총장으로 화려하게 복귀한 뒤에는 조국 전 민정수석과 대립하기도 했습니다. 검찰 조직의 우두머리가 됐다고 생각했는데 법무부 장관이 수사지휘권을 발동하니 이 또한 억압으로 느꼈을 테고요. 이 분노는 종국에 문재인 대통령에게로 향합니다. 그리고 대통령에 취임한 뒤에는 그동안 '수사를 방해했던 카르텔'을 하나씩 꺾어 나가기 시작합니다.

대통령이 된 다음 누구를 제일 먼저 임명했을까요? 함께 수사하며 좌절하고 동지애를 키우던 오른팔 한동훈 검사를 법무부 장관 자리에 앉힙니다. 그리고 본인을 괴롭히던 민정수석 자리는 없애 버리죠. 모순되게도 검찰총장은 패싱합니다. 이원석 검찰총장이 언론에 나오는 모습을 본 적 있나요? 검사 2,300명 중 700명을 새롭게 배치하는 대규모 인사 역시 윤석열 대통령과 한동훈 장관 둘이 단행했습니다. 그동안 억압받았으니 이제 제 마음껏 해 보겠다는 뜻이죠.

뉴라이트적 세계관과도 무관하지 않습니다. 뉴라이트에서는 자유민주주의가 선이고 공산전체주의가 악입니다. 절대선인 검찰이 절대악인 피의자를 잡아들여야 한다는 인식 체계를 가진 윤석열 대통령의 성미에 딱 맞죠. '공산전체주의=카르텔'이라는 논리를 그대로 적용할 수 있으니까요. 자신이 자유민주주의라는 선을 행사하려고 하는데 더불어민주당, 민주노총, 시민사회단체, 심지어 일부 언론이 공산전체주의 편을 들고 있다고 보고 있어요. 이 흑백의 세계관에는 타협의 대상은 없고 죽여야 하는 적만 있죠.

3 ▶ 카르텔을 상정하는 문제 해결법

책상이 지저분하면 서랍을 사서 수납공간을 마련하고 물건을 넣어야 합니다. 그런데 윤석열표 솔루션은 달라요. '누가 어질렀어?

너야? 구속!' 구조적인 원인을 찾기보다는 잘못한 사람을 찾아 벌주는 식입니다. 일단 누군가를 구속했으니 당장은 시원해 보일 수 있죠. 하지만 문제는 해결되지 않습니다. 책상을 어지른 사람을 잡는다고 책상이 깨끗해지나요? 아닙니다. 치워야 깨끗해집니다.

누가 저질렀는지 찾는 것이 특수부 출신인 윤석열 대통령의 해결 방식입니다. 노동 개혁을 예로 들어 보겠습니다. 노동 개혁은 고령화 사회의 노동정책은 어떠해야 하는지, 일자리 미스매치는 어떻게 대비해야 하는지, 연금의 안전성은 어떻게 만들어야 하는지, 최저임금을 올려야 하는지, 노동 시장의 이중 구조를 어떻게 해결할 수 있을지 등 다층적인 요인을 두루 살펴야 합니다. 하지만 윤석열 대통령의 눈에는 노조만 보입니다. 왜일까요? 노조가 월급을 많이 받아 가기 위해 파업하고 기업을 괴롭히는 '범인'이라고 보기 때문입니다.

정상적인 정부라면 노사분규를 해결하기 위해 테이블을 마련하고 노사가 의견을 조정하도록 대화의 물꼬를 터 줘야 합니다. '임금을 낮춰서 문제를 해결하겠다'는 단순한 방안은 해결법이 되지 못합니다. 기업 망하라는 이야기가 아닙니다. 심지어 자유민주주의 국가 미국의 오바마 대통령도 자국민을 대상으로 노조 활동을 권장하는 메시지를 냈죠. 개별 노사관계는 물론 경제 전반을 건강하게 만드는 주체로서 노동조합의 역할을 인정하기 때문입니다.

당사자인 노동자와 기업이 협상을 통해 부를 재분배할 수 있어야 합니다. '광수네 복덕방' 이광수 애널리스트도 노동자 임금 상승의 중요성을 강조합니다.* 물가가 오르면 기업은 이윤이 증대하지만, 노동자는 먹고살기가 팍팍해집니다. 이럴 때 노사분규라는 사회적 행위를 통해 임금을 올려 기업과 노동자가 자체적으로 수익을 분배하면 전체 소비가 늘어나 경기에 긍정적인 영향을 미칠 수 있어요. 이렇듯 사회에서는 건전한 갈등을 통해 동반상승 효과가 일어나기도 합니다. 갈등 자체를 문제 삼고 일방에게 책임을 전가하면 사회적 문제를 해결할 수 없죠.

하지만 윤석열 대통령은 노조 척결을 외칩니다. 비정규직 임금을 높일 수 없으니 노조를 없애 정규직 임금을 낮추겠다는 발상이죠. 김문수라는 퇴행적 인물을 경사노위 위원장에 앉힌 것 역시 이런 이유에서입니다. 노동 문제 해결에 앞장서야 할 김문수 위원장은 광주글로벌모터스를 방문한 뒤 "노조가 없고 핸드폰도 사용할 수 없군요. 평균 임금은 4천만 원이 안 됩니다. 감동했습니다."**라는 어처구니없는 말이나 하고 있습니다. 1억 원 받을 노동자가 4천만 원 받게 하겠다는 것이 윤석열식 노동 개혁입

---

* 이광수, "인플레이션 시기 노동쟁의 증가는 전 세계적 현상, 노조 진압이 잠재성장률 없앤다", 〈메디치미디어〉, (2023.6.19.), https://www.youtube.com/shorts/lb28P1SHu_k?feature=share
** 박정연, "[단독] 김문수 '무노조에 감동?'…현장 노동자 '노조 있다. 현실 모르는 소리'", 〈프레시안〉, (2023.3.12.), https://www.pressian.com/pages/articles/2023031216314267319

니다.

마찬가지로 윤석열 대통령은 태양광 사업 분야를 카르텔로 규정했습니다. 전 세계가 친환경으로 산업 구조를 전환하는 중요한 시점입니다. 애플은 진작 RE100*을 실천하지 않는 회사의 제품을 쓰지 않겠다고 선언했고,** 유럽 역시 RE100을 요구하고 있습니다. 우리나라에서도 삼성이 세계적인 추세에 맞춰 2050년까지 RE100을 하겠다고 선언했죠.

그런데도 윤석열 대통령은 태양광 카르텔을 때려잡아야 한다는 생각만 머릿속에 가득 차 있습니다. 카르텔을 처단해야 하니 태양광 사업 지원을 끊어 버리겠다는 겁니다. 참 단순하죠. 단순함을 넘어 환경뿐만 아니라 산업과 외교에까지 커다란 문제를 만들 수 있는 발상입니다. 이러면 변화에 발맞춰 돈을 벌어야 하는 기업이 정부의 눈치를 보게 됩니다. 실제로 삼성은 RE100 행사를 열기에 앞서 신문사에 전화했다고 합니다. 대통령의 심기를 불편하게 할 수 있으니 RE100 행사와 관련한 기사의 비중을 줄여달라고요.

한편, 윤석열 대통령은 정작 대한민국의 유서 깊은 카르텔은 방치하고 있습니다. 기재부 관료의 모피아 카르텔, 그리고 신성

---

* 'Renewable Electricity 100%'의 약어로 기업이 필요한 전력량의 100%를 태양광·풍력 등과 같은 친환경 재생에너지를 이용한 전력으로 사용하겠다는 캠페인
** 이진동, "애플, 공급망 업체에 2030년까지 RE100 달성 촉구", 〈뉴스버스〉, (2022.10.27.). https://www.newsverse.kr/news/articleView.html?idxno=2506

가족이라 불리는 판·검사의 법조 카르텔입니다. 윤 대통령의 카르텔 척결에 진정성이 있었다면 이들부터 먼저 척결했어야 합니다. 하지만 되레 이들에게 더 막강한 권한을 부여하고 있습니다. 윤석열 대통령에게 카르텔이란 그저 자기 눈에 거슬리는 집단을 처벌하기 위한 정치적 수사일 뿐입니다.

4 ▶ 전선의 단순화

세상의 모든 일은 복잡합니다. 당사자들에게는 여러 이유와 사정이 있습니다. 그래서 때로는 지지부진하더라도 인내심을 갖고 서로 의견을 주고받으며 타협해야 합니다. 모두 만족할 수는 없더라도 서로 양해할 수 있는 중간 지대를 찾아가야 하죠. 정치의 역할은 나쁜 사람을 잡아들이는 것이 아닙니다. 검사가 나쁜 놈을 잡아들여서 생긴 빈자리에 좋은 사람을 채워 넣는 일이 정치의 역할입니다.

하지만 윤석열 대통령은 아직 정치의 역할을 모르는 것 같습니다. 대통령이 돼서도 중간 지대를 고려하지 않고 피의자와 검사만 남기는 검찰 논리를 따릅니다. 그러니 윤석열 대통령의 정치에서는 전선이 단순해집니다. 윤석열 대통령은 왜 여전히 검사처럼 굴까요? 두렵기 때문입니다. 윤석열 대통령은 정치 경험이 적습니다. 그래서 자꾸 본인이 자신 있는 수사에만 몰두하는 거죠.

일례로 교육 개혁에서는 학생들이 대학 입시에 매달릴 수밖에 없는 구조적 원인을 살펴야 합니다. 수능 시스템이 학생에게 부과하는 압박감을 해소할 방법을 찾지 못한 채 사교육 카르텔 타파만 고수한다면 사교육은 다른 외피를 쓰고 계속 유지될 거예요. 물론 일면에서는 카르텔 척결도 필요할 테지만, 이는 행정 일선에 맡겨야 할 일입니다. 대통령은 다음 스텝을 생각해야 해요. 정치 문법을 습득하지 않고 계속 카르텔만 찾으려 한다면 카르텔을 찾기 어려운 연금 개혁 등의 일은 뒷전으로 밀리게 됩니다.

이후에는 사방에 적만 남을 겁니다. 구조 개혁 없는 카르텔 척결은 또 다른 카르텔을 낳습니다. 노조 카르텔을 부수면 사업자가 더 공고한 카르텔을 만들어서 노동자들을 옥죌 겁니다. 사교육 카르텔을 부수면 더 교묘한 사교육 카르텔이 등장해 학부모들의 주머니를 털겠죠. 근본적인 문제가 해결되지 않으면 다른 악당들이 등장할 때까지 시간을 버는 정도에 머물 수밖에 없습니다.

4장

윤석열 정부에서는 왜 아무도 재난 책임을 지지 않나요?

10·29 이태원 참사, 오송 지하차도 침수 참사. 가슴 아픈 인재가 이어졌습니다. 그러나 윤석열 정부에서는 아무도 책임지는 사람이 없습니다. 책임지는 사람이 없으니 진상규명도 대책 마련도 없습니다. 희생자는 그저 '안타깝게 죽은 사람'이 됐고, 유가족은 '더불어민주당 쪽 사람들'로 내몰립니다. 이태원 참사 1주기를 맞아 추모제가 열렸는데 야당 행사라고 대통령이 참석을 거부하는 것이 현 정부의 민낯입니다. 노동조합, 시민단체, 사교육에 이어 유가족까지 카르텔 리스트에 올라갔습니다. 결국 다시 진영 싸움입니다. 윤석열 정부에서는 왜 이런 비정상적인 일이 일어나는 걸까요?

1 ▶ 기소할 수 없으면 무죄

특수부통 윤석열 대통령은 재난사고 수사와는 거리가 멉니다. 재난이 발생하는 원인과 재난 피해가 확대되는 과정에 관해 제대로 알기가 어렵습니다. 그러면 해당 분야 전문가들의 의견을 경청해야 하지만, 그 또한 윤 대통령에게는 어려운 일입니다. 결국 '누가 범인이야? 범인을 잡아!' 하는 범인 놀이를 하게 되죠. 이태원 참사가 벌어지자 윤석열 대통령은 구청에서, 경찰서에서, 소방서에서 범인을 찾기 시작했습니다. 오송 지하차도 참사 때도 "누가 물 넘치게 했어? 넘치게 한 놈 잡아 와."라며 일선에 책임을 추궁했죠.

윤석열 대통령은 살인을 막으려면 살인자를 잡으면 된다는 생각에서 벗어나지 못하고 있습니다. 수사하는 사람이라면 모를까 정치인이라면 달라야 합니다. 살인자가 살인하게 된 배경을 구조적으로 파악해야 합니다. 경제적 궁핍이 범죄를 증가시키지는 않았는지, 어떤 사람들이 주로 범죄에 노출되고 있는지 등과 같은 사회적 현상을 살펴야 하죠.

그렇다면 대응 실패 책임을 행정 일선에 전가하는 이유는 뭘까요? 이해하기 어렵겠지만 윤석열 대통령에게는 '기소할 수 없으면 무죄'입니다. 검찰이 기소권을 독점해 왔기에 검사는 본인이 기소하지 않으면 죄가 성립하지 않는다고 생각합니다. 검찰

특활비 봉투를 떡값으로 돌린 일이 죄가 되지 않는 것과 일맥상통하죠.

윤석열 정부는 이태원 참사가 벌어지자 국무회의 영상을 따로 찍어서 유튜브에 공개했습니다. 그 영상에서는 저 뒤로 누가 지나갔고 뭐가 어떻게 됐고 누굴 잡아야 하고 등과 같은 것들을 설명하고 있죠. 기소할 수 있는 놈들이 누구인지 찾으라는 겁니다. 그러고는 아무렇게나 돌아다녔던 사람들이 잘못이지 책임자는 잘못한 것이 없다는 주장으로 이어지죠.

결국 이상민 장관에게는 죄가 없다. 왜? 기소할 수 없으니까. "책임은 있는 사람에게 딱딱 물어야 한다."라는 대통령의 말은 빈말이 아니었습니다. 결국 아무도 정치적으로 책임지지 않았습니다.

정상적이라면 대통령이 나서서 죄송하다고 사죄하고 어떻게든 책임을 지겠다며 총책임자인 행정안전부 장관을 해임해야 합니다. 대한민국 정부로서 최소한의 책임감과 미안함을 인사로서 보여 주는 거죠. 그게 정무직 공무원이 해야 할 일입니다. 그런데 윤석열 정부는 그동안 정치권이 정치를 잘못해 온 탓이라며, 법적 책임이 없으면 정치적 책임도 없다고 적반하장으로 강변하고 있습니다.

2 ▶ 난데없는 자존심 대결

이태원 참사 유가족들은 참사가 벌어진 뒤에 윤석열 대통령의 사과와 이상민 장관 해임을 요구했습니다. 그러자 당시 국민의힘 원내대표였던 권성동 의원이 이태원 유족들을 더불어민주당 참호에 밀어 넣었죠. 국민의힘 진영은 이들 유가족을 적으로 규정하기 시작합니다.* 유가족들이 감히 대통령에게 사과를 요구하기 때문에 더불어민주당과 한통속이라고 주장하기도 했습니다.

윤석열 정부는 국가적 참사를 좌파와의 전쟁으로 왜곡하는 중입니다. 아무리 민주주의가 갈등을 전제하는 정치체제라고 해도 최소한 지켜야 할 교전수칙이 있습니다. 그런데 윤석열 정부는 국가가 제대로 안전을 보장하지 못해 난데없이 가족을 잃은 사람들에게까지 총을 난사하기 시작합니다. 유가족이 피해자라는 생각은 온데간데없이 사라졌죠.

대표적인 인물이 국민의힘 소속인 김미나 창원시 시의원입니다. "우려먹기 장인들, 자식 팔아 장사한단 소리 나온다. 제2의 세월호냐, 나라 구하다 죽었냐."라고 SNS에 글을 올렸죠. 한발 더 나아가 "더불어민주당 저것들은 노란 리본 한 8~9년 우려먹고

---

* 송채경화, "권성동 '이태원, 세월호와 같은 길 안 돼'…'유족 왜 욕보이냐' 반발", 〈한겨레〉, (2022. 12. 11.), https://www.hani.co.kr/arti/politics/politics_general/1071068.html

이제 깜장 리본 달고 얼마나 우려먹을까?", "시체팔이 족속들"이라며 망언을 쏟아냈습니다.

결국 참사 1주기 추모제에 대통령은 얼굴을 비추지 않았고, 서울 성북구의 영암교회에 가 김기현 대표와 국무위원들과 경호원들끼리 앉아 기괴한 추모예배를 드립니다. 진영논리가 격심해지면서 추모제조차 '야당의 행사'로 치부해 버린 까닭입니다.

과거 박근혜 정부 시절 한 관료가 했던 '민중은 개돼지'라는 발언도 같은 맥락입니다. 인간이 인간을 죽일 수는 없으니 상대방을 일단 개나 돼지로 규정합니다. 그다음에는 상대방을 쉽게 공격하고 죽일 수 있게 됩니다. 윤석열 정부는 자식 잃은 부모마저 상대 진영의 참호에 밀어 넣고 때리고 있어요. 진영 정치의 죄악을 가장 교묘하게 활용하고 있다고 봅니다.

3 ▶ 구조적인 문제를 보라

박상은 조사관이 세월호 조사 당시 실패했던 기록을 담담하게 정리한《세월호, 우리가 묻지 못한 것》이라는 책*이 있습니다. 이 책에는 "법적 책임을 목표로 한 재난 조사는 필연적으로 상위에

---

* 박상은, 《세월호, 우리가 묻지 못한 것》, 진실의힘, 2022.

있는 책임자보다 말단이 책임을 더 크게 지는 결과를 낳을 수밖에 없다."라는 구절이 나옵니다. 윤석열 정부의 상황과 들어맞지 않나요? 법적 책임만 따질 뿐 정치적 책임을 져야 하는 사람들에게 책임을 묻지 않고 있죠.

참사가 생기면 왜 구조적인 문제가 발생했는지 고민해야 합니다. 위원회를 구성하고 충분한 예산을 투입해서 비슷한 문제가 생기지 않도록 해야 합니다. 누구를 처벌할지에만 머물러서는 안 되고 무엇이 문제였는지, 어떤 문화가 문제였는지 꼼꼼히 복기해 똑같은 실수를 반복하지 않도록 하고, 필요하면 제도적 정비도 해야 합니다.

이태원 참사에 대해서는 왜 많은 인원이 좁은 한 공간에 몰릴 것을 예측하지 못했는지, 신고 접수 후에도 종합적인 대응을 왜 하지 못했는지, 수습 과정은 왜 불투명했는지를 진상조사위원회가 돌아봐야 한다고 생각합니다. 오송 지하차도 참사에 대해서도 물이 넘치기 전에 재난구조 시스템이 왜 작동하지 않았는지, 신고가 들어갔는데도 왜 제대로 대응하지 않았는지를 봐야겠죠. 답답하지만 하나씩 해결해 가야 합니다. 이번 정부의 잘못을 꼼꼼히 기록해서 다음번에는 좀 더 나은 세상이 오도록 해야 한다고 봅니다.

윤석열 대통령에게
누가 영향을 미치나요?

대통령에게 영향을 주는 사람들이 누구인지는 무척 중요합니다. 우리나라는 대통령에게 권한이 집중되는 대통령제를 채택하고 있습니다. 대통령의 의견에 영향을 줄 수 있다면 국정 운영에도 결정적인 요소로 작용할 수 있다는 말이죠.

그러므로 누가 대통령과 가깝게 소통하고 있는지는 곧 그 정부의 수준을 알아볼 수 있는 척도가 됩니다. 나아가 이는 대한민국의 방향을 가늠하기 위한 단서이기도 합니다. 윤석열 대통령과 가깝게 교류하는 인물들의 면면을 보면 우리나라의 앞길이 그다지 호락호락해 보이지는 않네요.

1 ▶ 무속인과 교류하는 영부인

윤석열 대통령은 온갖 문제를 아내 김건희 여사와 깊이 상의하는 것 같습니다. 물론 그 자체가 크게 문제가 된다고 생각하지는 않습니다. 다만, 김건희 여사의 생각이 혼자만의 독자적인 생각이 아닌 것처럼 보인다는 점이 논란거리겠죠. 김건희 여사는 여러 주변 분들과 깊이 상의하는 듯합니다. 뜬소문이 아니라 출처가 있는 이야기입니다.

일단 〈조선일보〉 주필 출신인 최보식 씨가 운영하는 〈최보식의 언론〉에 2021년 3월 "'윤석열 멘토'로 자처했던 한 도인(?)과의 만남'이라는 기사*가 올라왔어요. 여기에 "윤 총장의 멘토로 알려진 인물 a씨를 만났다."라는 이야기가 나옵니다. 정보통들 사이에서도 윤석열 총장이 고비 때마다 자문하는 승려가 있다는 식으로 이야기가 돌았다고 해요. 서초동에 소문이 도니 검찰에 아는 사람이 많은 최보식 기자도 듣게 된 거죠.

기사에서 언급한 a씨는 천공입니다. 천공은 경남 지역에서 꽤 유명한 사람이었다고 합니다. 엄밀히 말하면 승려는 아니고, 주부들을 상대로 어떻게 자식을 잘 키울 수 있는지, 남편과의 관계는 어떻게 푸는지, 주식 투자는 어떻게 해야 하는지 등을 알려

---

* 최보식, "'윤석열 멘토'로 자처했던 한 도인(?)과의 만남", 〈최보식의 언론〉, (2021.10.3.), https://www.bosik.kr/news/articleView.html?idxno=2950

주는 인물이었다고 합니다. '아침마당' 같은 프로그램의 진행자 비슷한 사람이라고 보면 될 듯해요. 이런 천공이 스피커폰을 켜 놓고 윤석열 당시 총장과 통화하는 모습을 목격한 사람이 최보식 기자에게 제보했나 봅니다.

최보식 기자가 천공에게 윤석열의 멘토 역할을 한다는 말이 맞느냐고 묻자 "윤 총장이 내 공부를 하는 사람이니까 좀 도와준다. 도와줘야 하지 않겠나? 지금도 돕고 있다."라고도 말했죠. 윤석열 총장이 박영수 특검에 들어가 최순실 관련 수사를 하면서 박근혜 대통령까지 손대야 할지 고민할 때도 본인과 상의했다고 밝혔다고 합니다. 본인이 유튜브에 박근혜가 하야할 수밖에 없는 이유에 관한 3부작 시리즈 영상을 촬영해서 올려놓았는데, 그걸 본 김건희 여사가 윤석열 당시 검찰총장에게 반복해서 보여줬다고도 해요.

천공의 주장에 따르면 윤석열 총장이 그 유튜브를 보고서 수사를 밀어붙였다고 합니다. 김건희 여사와 연락하던 천공은 몇 달 뒤부터 윤석열 총장과 직접 연락하기 시작했다고 하죠. "칼잡이로는 큰일을 못 한다. 지도자 교육을 받아야 한다." 전부 최보식 기자와의 대화에서 천공이 흘린 말이에요.

눈여겨봐야 할 부분은 김건희 여사가 유튜브에서 천공의 법문을 보고 윤석열 총장에게 만나 보라고 권유해 실제로 천공과 만났다는 점입니다. 김건희 여사가 도사들로부터 정보를 얻고,

그 정보를 남편과도 나눈다는 사실을 알 수 있는 대목이죠. 보통 검찰총장 정도의 위치에 오른 사람이라면 조언을 구할 때도 전직 판사라든지 교수 또는 해당 분야의 전문가 정치인들을 만나는 것이 일반적이지만, 김건희 여사의 영향력이 절대적이다 보니 김건희 여사가 교류하는 도사들과 대통령이 직접 교류하는 상황이 된 거죠.

2022년 초 〈조선일보〉에 '둔갑술과 검법'*이라는 조용헌 건국대 석좌교수의 칼럼이 올라왔습니다. "윤석열 캠프에도 도사들이 포진돼 있다. 그중 하나가 J 도사다. 승려로 있다가 환속한 인물로 알려져 있다. 손바닥의 '王' 자도 이 도사 작품이다." 이 J 도사가 건진입니다. 칼럼에 따르면 J 도사가 면접도 봤다고 합니다. 얼굴이 네모난 참모를 발탁할 때 "당신은 의리가 있는 관상이니까 윤 후보를 도와도 되겠어."라고 코멘트했다죠. 관상으로 사람을 뽑았다고 합니다. 도사가 캠프 인물을 선발하는 데까지 관여하는 모습이 정상적이지는 않아 보입니다.

도사들의 이권 개입은 정권 초기부터 논란이 됐습니다. 윤석열 부부와의 친분을 사칭하고 다녔다는 거예요. 임기 초반부터 정권을 팔고 다니는 사람이 나오는 것은 극히 이례적인 일이죠. 여기서 또 하나 웃기는 점은 이런 행동을 했을 때 대통령실에서

---

* 조용헌, "[조용헌 살롱] [1330] 둔갑술과 검법", 〈조선일보〉, (2022.1.10.), https://www.chosun.com/opinion/specialist_column/2022/01/09/3BHMFRT365FRDGHNPWNC7RWRME/

건진법사를 말리면 되는데, 오히려 기업을 말렸다는 겁니다. 혹시 법사가 찾아가면 이야기를 들어주지 말라고요. 왜일까요? 건진법사에게 말하기가 두려웠다는 겁니다. 캠프에서 사람을 뽑을 만큼 힘이 세니까요. 이렇게 김건희 여사와 가까운 무속인들이 윤석열 정부에서 실제로 권한을 행사할 가능성이 있다는 점은 큰 문제가 아닐 수 없습니다.

2 ▶ 경제사회연구원

물론 윤석열 대통령 주변에는 도사뿐 아니라 비교적 정상적인 집단도 있습니다. 그중 핵심적인 조직이 이상민 행정안전부 장관이 이사장을 맡았던 경제사회연구원이라는 사단법인입니다. 이상민 장관은 윤석열 대통령의 충암고 서울대 법대 4년 후배고 측근으로서는 드물게 판사 출신이잖아요?

경제사회연구원은 보수의 싱크탱크가 되겠다는 원대한 목표를 세웠고, 안대희 전 중수부장이 이 조직의 후원회장입니다. 안대희는 대법관으로 알려진 인물이지만, 특수부 출신으로 대검찰청 중앙수사부장을 거친 중수부 라인이기도 해요. 특수부 핵심들이 포진한 이 라인에는 안대희, 박영수, 윤석열 대통령 등이 포함돼 있습니다.

안대희는 과거 검찰이 대통령을 만들어 보고자 했을 때 1차로 거론됐던 인물이기도 합니다. 이름하여 '대호 프로젝트'*죠. 그는 서울 마포갑 지역구에 출마해 정치적 활동을 해 보려 했지만, 검사직 사직 후 변호사로 활동하면서 5개월 동안 16억 원을 벌어들였던 전관비리가 적발되면서 정치적으로 사장됐어요. 경제사회연구원은 그렇게 전관비리로 사그라진 대호 프로젝트의 불씨를 살리려고 만들어진 조직이 아닌가 의심하고 있습니다.

경제사회연구원이 윤석열 대통령에게 끼치는 영향력은 상당해요. 나중에 행정안전부 장관이 된 이상민 변호사, 홍용표 전 통일부 장관, 신범철 전 국립외교원 교수 등 경제사회연구원 출신들은 윤석열 정부 초반 인수위원회에서도 큰 역할을 했습니다. 또 윤석열 대통령이 검찰총장 시절 정치권에 입문하기에 앞서 윤희숙 전 의원을 가장 먼저 만난 계기도 윤희숙 의원이 쓴 경제사회연구원 1호 서적을 읽고서라는 이야기가 있죠. 경제사회연구원이 윤석열 대통령에게 여러 형태로 영향과 입김을 불어넣는 조직이라는 뜻입니다.

예측하건대 윤석열 대통령은 이상민 장관을 절대 내치지 않을 겁니다. 한동훈 장관은 단지 서울대 법대 동문인 일 잘하는 검사 후배예요. 하지만 이상민 장관은 윤석열 대통령의 정치적 동

---

* 검찰 출신을 대통령 당선자로 배출해 보자는 프로젝트

지입니다. 제가 관찰한 소감이 그렇다는 겁니다.

3 ▶ 유튜버와 텔레그램

윤석열 정권의 인사 면면을 살펴보면 유튜브 사랑을 짐작할 수 있습니다. 제일 먼저 영입한 유튜버는 장예찬 씨입니다. 장예찬은 원래 유튜버로 활동하다가 윤석열 대통령이 부르자 제일 먼저 자신이 운영하던 유튜브 채널을 폭파했죠. 김병민 최고위원도 윤석열 대통령이 유튜브를 보고 픽업했다는 말이 있습니다. 김종인 위원장 사람이라는 이야기도 있지만, 어느 쪽이 진실인지 현재로서는 모호합니다.

재밌는 포인트는 열린민주당 유튜브 채널을 보고 정승국 중앙승가대 교수를 영입하기도 했다는 점입니다.* 정승국 교수는 우리나라에 직무급제를 도입해야 한다고 주장하는 노동 문제 권위자 중 한 분이죠. 열린민주당 유튜브 채널에 정승국 교수가 주진형 최고위원과 직무급제에 관해 토론하는 영상이 있었는데, 이를 보고 윤석열 당시 대통령 후보가 자신의 노동 멘토로 영입했다고 합니다. 정승국 교수 개인에 대한 평가를 떠나서 대통령

---

* 박은하, "윤석열이 노동·복지 전문가 정승국을 찾아간 이유", 〈경향신문〉, (2021.04.14), https://m.khan.co.kr/national/court-law/article/202104141918001

이 얼마나 유튜브를 통해 사람들을 뽑고 있는지 보여 주는 대목이라고 할 수 있죠.

믿기 어렵겠지만 현재 윤석열 정부의 최강 비선그룹은 단연 유튜버들입니다. 대통령 취임식에도 유튜버 다수가 참석했습니다. 〈한겨레〉의 단독 보도에 따르면, 김건희 여사가 유튜버 30여 명을 초청했다고 합니다.* 여기에는 심지어 5·18에 대해 끊임없이 막말을 퍼붓다가 계정을 폭파당한 인물인 안정권 씨도 있다죠. 〈한겨레〉에서 확보한 명단에는 이봉규TV, 시사창고, 시사파이터, 너알아티브이, 짝찌티브이, 애국순찰팀, 가로세로연구소, 자유청년연합, 정의구현박완석 채널의 관계자들이 포함돼 있었다고 합니다.

얼마 전 MBC '스트레이트'**에서는 윤석열 대통령이 유튜버들을 대통령실에 초대해 함께 식사했다는 사실을 보도했습니다. 실제로 대통령이 직접 유튜버들과 소통한다는 거죠. 초창기부터 여의도에서 소문이 돌아 저 역시 익히 들었지만, 거짓말 같아 쉽게 말을 꺼내지도 못했습니다. 상식적이지 않으니까요. 유튜버들과의 소통을 참지 못했던 탓일까, 결국 〈조선일보〉에서 기명 칼럼에 이 사실을 폭로합니다. 대통령이 밤늦게 텔레그램으로 언

---

* 배지현, "[단독] 양산 욕설시위 주도자도 김건희 여사가 취임식 초청", 〈한겨레〉, (2022.8.19.), https://www.hani.co.kr/arti/politics/politics_general/1055351.html
** "총선 D-7개월 윤석열 대통령과 유튜버", (226회, 2023.09.10.)

론인, 유튜버, 학자 등과 소통한다고 알려졌다는 보도였죠.*

텔레그램이라는 키워드도 문제입니다. 공개 여부와 별개로 임기 5년 동안 대통령의 일거수일투족은 공식 기록으로 남아야 합니다. 텔레그램은 대화 내용을 남기지 않고 지울 수 있어요. 대통령의 통치 행위가 기록 밖에서 일어나고 있는 겁니다. 더구나 텔레그램의 서버는 외국에 있어서 텔레그램을 사용하면 보안 사항이 유출될 위험도 있습니다. 보수 언론이 문제를 제기한 이유는 보수의 시각에서도 윤석열 대통령의 행위가 위험해 보인다는 뜻일 겁니다.

국가적 비극입니다. 극단적인 여론을 조성하는 유튜버들이 대통령 주변에 포진돼 대통령의 마음에 위안을 주고 있다니 말이죠. 검증 단계를 거치지 않고 대통령에게 직접 입김을 넣고 있는 사람이 많다는 것은 윤석열 정부의 시스템이 망가져 있다는 뜻이기도 합니다. 중립적인 의견을 들을 생각은 안 하고 30% 지지자들의 세계에 갇힌 탓에 일련의 문제가 일어나고 있다고 볼 수 있어요. 바로잡아야 할 점이죠.

---

* 배성규. "[태평로] 대통령 지지율이 떨어진 어떤 이유들", 〈조선일보〉. (2022.4.20.), https://www.chosun.com/opinion/taepyeongro/2023/04/20/ISOT4A3PHJECLOTUYDARDJD23U/

6장

왜 자꾸 이전 정부 인사가 다시 등판하나요?

윤석열 정부를 두고 'MB 정부 시즌 2'라고 합니다. 그만큼 MB 정부 출신 인물을 많이 기용한다는 뜻이겠죠. MB의 황태자라고 불렸던 이동관 청와대 홍보수석은 방송통신위원장으로 돌아왔고, 블랙리스트 유인촌 장관은 다시 문화부 장관직을 맡았습니다.

이전 정부 인사가 호출된다는 것은 그만큼 인재 풀이 얕다는 방증입니다. 검찰, 유튜버, 도사 등 비선은 많은데 정작 인물이 부족하다는 점이 모순적이기도 하죠. 대체 윤석열 대통령은 왜 자체적으로 새 인물을 발굴해 내지 못하고 지난 정부 인사에 의존하는 걸까요?

1 ▶ 정당 기능이 몽땅 사라진 국민의힘

보수 정당은 그동안 대통령을 자체적으로 생산하지 못했어요. 현대건설에서 사장을 하던 이명박, 박정희 대통령의 딸로 육영재단 이사를 맡았던 박근혜를 대통령으로 내세웠죠. 2번이나 대통령 후보로 나섰던 이회창 국무총리도 정당에서 기른 사람이 아니라 감사원장 하던 판사를 꿔 온 케이스입니다. 정당에서 정당 정치를 제대로 배운 사람을 대통령으로 내세워 본 적이 없습니다. 대선급 정치인뿐만이 아닙니다. 국회의원이나 유력 정치인 역시 관료 집단에서 충원해 왔어요.

정당 이념이 없어도 보수 정당이 명맥을 이어올 수 있었던 것은 관료들의 사명감 덕이었습니다. 일례로 노태우 정부에서는 1930~1940년대생에 해당하는 당시 4·50대 관료들이 국가 비전을 수립하고 국정을 운영했습니다. 그 일환으로 중국과 수교하고 소비에트 연방과도 수교했어요. 공산당이 마음에 들어서가 아니라 당시 여러 국제적 정세를 놓고 판단했기 때문입니다. 북한을 옥죄고 시장을 넓혀 우리 물건을 많이 팔겠다는 외교적·경제적 전략이 그 바탕에 깔려 있었습니다. 하지만 박근혜 탄핵을 계기로 그나마 당내에 쓸 만했던 관료 출신 인사들이 퇴출당했고 권력의 진공 상태가 돼 버렸습니다.

이 틈을 치고 나왔던 주자가 유승민이나 이준석 같은 인물입니다. 국민의힘 지지자들이 보기에도 당내 상황이 답답하니 지푸라기라도 잡는 심정이었을 겁니다. 따뜻한 보수를 내건 유승민 의원은 증세 없는 복지는 허구라며 박근혜 대통령에게 정면으로 반기를 들고 비전을 제시하기도 했어요. 이준석 대표는 유승민 의원에 견줬을 때 뚜렷한 철학이 있진 않았으나 차세대 정치인으로서 나름의 가능성을 보여 줬죠. 하지만 이제는 이들 모두 배신자 프레임에 걸려서 녹록지 않은 상황입니다.

윤석열이라는 정치 문외한을 대통령 후보로 내세웠다는 사실 자체가 국민의힘이 정당의 기능을 상실했다는 뜻이기도 합니다. 정치인을 길러 낼 역량이 현재 국민의힘에 없는 거죠. 국민의힘은 누가 됐든 여론조사에서 더불어민주당을 이길 사람을 찾아 그 사람에게 매달리는 지경이 됐습니다.

외부 수혈로 들어온 윤석열 대통령이 난맥상을 보이는데도 국민의힘에서는 쓴소리 한 마디 못 합니다. 그저 공천받기 위해 "잘하고 계십니다. 존경합니다."라며 추앙하고만 있죠. 정당과 대통령은 서로 부딪히고 상호 견제하며 방향을 잡아 가야 하는데, 국민의힘은 그 역할을 못 하고 있습니다.

사실 윤석열 대통령에게는 정치적 자산이 없었습니다. 그저 검찰총장을 했을 뿐 정치적 이념이나 당내 조직이 부재했죠. 경선 기간에도 이명박과 박근혜를 청산해 본 자신만이 유일하게 문재인 정부를 깨끗하게 박살 낼 수 있다는 얄은 주장을 내세우기만 했습니다. 현재 국민의힘은 이제껏 이념 없이 정치해 온 부작용을 돌려받는 중이라고 할 수 있습니다. 뚜렷한 정치 철학이 없으니 무엇을 지켜야 할지, 어느 방향으로 나아가야 할지 갈피를 못 잡고 있습니다. 하다 하다 뉴라이트와 영합해 자유민주주의를 수호하자는 철 지난 이야기까지 나오고 있는 상황입니다.

국민의힘 국회의원 지역구 구성에도 문제가 있어 보입니다. 수도권 의원이 없다 보니 수도권 사람들의 마음을 잡을 만한 정치적 메시지가 나오지 않고 있어요. 국민의힘 지도부에서도 수도권 정치인을 찾아보기 힘듭니다. 김기현 대표는 울산, 이철규 사무총장은 강원 동해를 지역구로 두고 있습니다. 대통령 마음에 들어 공천만 받으면 당선은 따 놓은 당상인 동네들이죠. 지금 국민의힘은 균형과 견제가 작동하는 정상적인 정당이라기보다는 대통령 결사옹위 부대에 가까워 보입니다.

2 ▶ 우물 안 네트워크

윤석열 대통령 집권 초기, 〈문화일보〉의 허민 기자는 대통령이 회의 발언의 70%를 독점하고 있다며 '尹대통령은 "말의 점령자"

型…회의 발언 70% 독점해 참모들 입 막아'라는 비판 기사*를 냈습니다. 이후에도 윤석열 대통령의 발언 시간이 계속 늘자 〈조선일보〉에서도 '[태평로] 대통령 지지율이 떨어진 어떤 이유들'이라는 칼럼**을 냈죠. 윤석열 대통령이 1시간 중 59분을 혼자 발언한다며 말을 줄이고 경청하라는 골자의 칼럼이었습니다. 이렇게 지적이 거듭되는데도 윤 대통령이 그대로인 이유는 세상 모든 아이디어가 자기 머릿속에 있다는 착각과 본인이 주도권을 잡는 것이 항상 올바르다는 오만 때문이겠죠.

이렇게 자신을 스스로 과신하는 특성 때문인지 윤석열 대통령은 국정을 잘 운영할 사람을 찾기보다는 본인 말을 잘 들을 사람들을 가까이 두려고 해요. 먼저 '윤핵관'이 있습니다. 윤석열 측 핵심 관계자라고 일컬어지는 인물들이죠. 추미애 장관과 윤석열 총장의 갈등이 극단으로 치달을 때 같이 옆에서 편들어 주고 소리질러 주고 쓰린 가슴에 소주 한 잔 같이 부었던 법사위 위원들이에요. 국민의힘 주류가 어떻게 문재인 정부의 검찰총장을 국민의힘 대통령 후보로 세울 수 있냐며 반대했을 때 똘똘 뭉쳐 경선을 돌파할 수 있게 했던 사람들입니다.

원래 이들은 당내에서 신망받는 중진들이 아니었습니다. 장

---

* 허민, "尹대통령은 '말의 점령자'型…회의 발언 70% 독점해 참모들 입 막아", 〈문화일보〉, (2022.8.9.), https://www.munhwa.com/news/view.html?no=2022080901030830000001
** 배성규, "[태평로] 대통령 지지율이 떨어진 어떤 이유들", 〈조선일보〉, (2023.4.20.), https://www.chosun.com/opinion/taepyeongro/2023/04/20/ISOT4A3PHJECLOTUYDARDJD23U/

제원 의원은 3선 의원이 될 때까지 당내에서 크게 두각을 나타낸 인물은 아니었고, 나머지 의원들도 당내에서 인정 못 받기는 마찬가지였죠. 윤석열 대통령이 당선될 때까지 힘을 썼다지만, 국민의힘 같은 정당이 경험이 일천한 이들에게 쉽게 자리를 내주지는 않아요. 그래서 점점 윤핵관의 힘이 빠지고 있고요.

한편으로는 검사 시절에 인연을 맺은 인물들을 긴히 등용하려 합니다. 특이한 점은 본인이 수사했던 사람들을 너무 좋아한다는 거예요. 대표적인 인물이 김태효 국가안보실 제1차장이죠. 김태효 씨는 군사 기밀 문서를 무단으로 반출해 자택에 보관해서 2심 유죄를 받았어요. 윤석열 대통령은 그런 김태효 씨를 최종심이 내려지기 전에 국가안보실 제1차장으로 임명하더니 최종심에서 유죄가 확정되자 사면해 줬죠.

김관진도 비슷한 사례입니다. 사이버사령부 댓글 조작 사건으로 유죄 판결을 받은 상태였지만, 윤석열 대통령은 개의치 않고 국방혁신위원회 부위원장 자리에 앉혀요. 결국 김관진 씨는 2심 재판에서 징역 2년의 실형을 선고받았습니다.

방송통신위원장으로 임명한 이동관도 수사 대상이었어요. 이명박 정부 시절 국정원이 MBC와 KBS를 어떻게 옥죌지 언론 장악 시나리오를 작성해 청와대 홍보수석실에 보고했다죠. 그때 청와대 홍보수석이 이동관이었고, 당시 서울중앙지검장이었던 윤석열 검사는 이동관 수석이 어떻게 언론을 장악했는지를 가장 잘 아는 장본인이었어요. 문화계 블랙리스트 사건 당시 문화부 장관이었던 유인촌도 마찬가지 케이스고요. 윤석열 대통령이 수사 일선에서 '아, 이렇게 하는 거구나.' 하고 이동관과 유인촌의 진가를 알아봤다고 볼 수 있어요.

한편, 윤석열 정부에서 친박이 힘을 못 쓰는 이유는 탄핵의 강을 못 건넜기 때문이에요. 최근 들어 태블릿이 조작됐다는 주장부터 박근혜가 잘못하지 않았다는 주장까지 나오고 있습니다. 그런데 중도층만 해도 박근혜에게 잘못이 없다고 하면 '제정신인가?' 하면서 절대 찍어 주지 않을 거예요. 대법원에서 징역 20년 넘게 선고받은 사람에 대해 불쌍하다고 말할 수는 있다 쳐도 잘못이 없고 조작이라고 말할 수는 없으니 친박의 정치적 무대가 없는 상황인 겁니다.

친박이 망해 가는 사이 감옥에 다녀온 친이가 다시 기회를 잡고 있어요. 탄핵 공간에서 박근혜라는 정치인을 없애고 다시 리셋해야 한다고 주장했던 김무성이나 유승민 같은 사람들은 배신자로 몰려 사라졌습니다. 그 사이에 친이계는 탄핵 공간에서 아무것도 하지 않고 조용히 있다가 다시 등장한 거예요. 김태효, 이동관, 유인촌 같은 사람들이 한 10년쯤 지났으니 대중들이 잊었다고 생각하고 다시 나타나기 시작하는 겁니다.

==윤석열 대통령은 비전을 갖고 사람을 뽑는 사람이 아니에요.== ==확장재정을 하겠다거나, 수출 주도 성장을 하겠다거나,== 대한민

==국의 미래 먹을거리를 발굴하겠다는 등의 생각이 있어야 적합한 인물에게 맡길 텐데 생각이 전혀 없죠.== 그런 건 모르겠고 오로지 문재인 정부의 적폐를 청산하고 확정적 중범죄자 이재명을 구속하면 된다는 생각 같아요. 자기 관심사 이외의 일들은 김대기 비서실장을 비롯한 기재부 관료들이 알아서 처리하라고 맡겨 놓은 상태죠. 그러니 이명박 정부 시절 인사들이 다시 주도권을 잡는 상황을 윤석열 대통령이 불편해할 리가요.

▶　동네에 버스가 오지 않는 문제도 왠지 국회의원의 책임 같습니다. 국민으로서는 자연스러운 생각입니다. 다른 것은 결정할 수 없지만, 국회의원은 직접 선출하니 말입니다. 불편이 장기간 지속되는데 책임져야 할 사람이 책임지지 않으니 더욱 정치에 불만이 많아질 수밖에요.

정치를 통해 다양한 논의를 해야 합니다. 거시적인 차원에서는 저출생 문제가 봉착해 있습니다. 현재는 1년에 25만 명 남짓의 아이가 태어납니다.* 제가 태어난 1972년 출생 인구가 95만 명이었으니 많게는 70만 명 감소한 셈입니다. 한국전쟁 당시 남북 통틀어 300만 명이 사망했거나 실종됐다고 하니, 4~5년에 한 번씩 전쟁이 벌어지는 꼴이죠. 정치권에서 저출생 문제를 논의하기는 하는 것 같은데, 해결책은 딱히 안 보입니다. 이렇게 중요한 사안에 대해 아직도 제대로 된 해결책이 나오지 않는 까닭은 무엇일까요?

---

* 이지혜, "신생아 첫 24만명대…40대 초반 출산율은 역대 최고", 〈한겨레〉, (2023.2.23.), https://www.hani.co.kr/arti/economy/economy_general/1080731.html

• 4부 정치 개혁

1장

정치 개혁은
왜 필요한가요?

　　　　　　　　　정치에 대한 신뢰가 바닥으로 떨어지다 못해 지하를 뚫고 내려간 상황입니다. 과거에는 정치하겠다고 하면 치켜세워 주는 분위기였지만, 지금은 왜 그런 일을 하냐는 이야기를 듣습니다. 1995년에 이건희 삼성 회장이 정치는 4류, 관료는 3류, 기업은 2류라고 말한 적이 있습니다. 30여 년 전 이야기인데 지금도 달라진 것 같지 않습니다.

1 ▶ 왜 지금 정치 개혁인가

최근 〈스트레이트뉴스〉에서 사회 각계에 대한 신뢰도 조사를 진행했습니다. 공무원에 대해서는 긍정이 34.1%, 부정이 63.5%였고 기업인에 대해서는 긍정이 49.4%, 부정이 46.2%였습니다. 문화예체능인에 대해서는 54%가 긍정적, 41.1%가 부정적으로 평가한다고 답했습니다. 대체로 5:5 비율에 가까운 셈입니다. 반면, 정치인에 대한 긍정 평가는 15.4%에 그쳤고 부정 평가는 82.1%로 압도적이었습니다.*

정부기관별 신뢰도에서도 국회에 대한 평가가 가장 박합니다. 법원 47%, 검찰 45%, 경찰 49%, 중앙정부 50%, 지자체 58%의 신뢰도를 각각 기록했지만, 국회에 대한 신뢰도는 24%에 그쳤습니다.** 국민 4분의 3이 정치인을 믿지 않는 상황입니다. 이대로는 안 됩니다. 신뢰도가 바닥이라는 점만으로도 정치 개혁의 이유는 충분합니다.

여야가 매일 치받으며 싸우고 말 바꾸는 일이 비일비재한데 국민의 신뢰를 얻을 수 있을까요? 국민은 말실수하고 권력투쟁에만 몰두하는 지금 정치인들의 모습을 원치 않습니다. 정치 개혁을 통해 국민의 신뢰를 얻을 수 있도록 바꾸어야 합니다.

---

* 김상환, "[창간 11주년 여론조사] 정치인 '신뢰 15% vs 불신 82%'…공무원 '신뢰 34% vs 불신 63%'", 〈스트레이트뉴스〉, (2023.7.5.), https://www.straightnews.co.kr/news/articleView.html?idxno=233379

** 이희진, "검찰총장 출신 尹집권 첫해 검찰 신뢰도·공정성 대폭 하락", 〈노컷뉴스〉, (2023.3.23.), https://www.nocutnews.co.kr/news/5914664

2 ▶ 정치의 본질

정치의 본질은 국가의 미래를 그려 가는 겁니다. 비전을 설계하는 일에는 두 가지 수단이 있습니다. 첫째는 돈입니다. 예산을 어떻게 쓸지 결정해야 하죠. 예산안은 기재부가 짭니다만, 국회를 통과해야 합니다. 둘째는 법안 제정입니다. 각각의 법안에는 부수 예산이 들어갑니다. 즉, 입법이란 어디에 돈을 쓸지 근거를 마련하는 일이라고 해도 크게 틀린 말은 아닙니다.

나라의 비전을 제시한 대표적인 예가 김대중 대통령의 취임 연설입니다. 1998년 취임사에 정보화 이야기가 나옵니다. 정보사회가 도래할 것이며, 인터넷망을 구축해서 전 세계적인 경쟁력을 갖춰야 한다는 것이 주요 골자였습니다. 단지 예측만으로 끝나지 않았습니다. 김대중 정부에서는 정보고속도로를 깔겠다는 목표 아래 국가 예산을 투입해 인터넷망을 구축했습니다. 철도나 고속도로에 모든 예산을 투자할 수도 있었겠지만, 장기적인 복안으로 정보고속도로 사업에도 예산을 투입했던 거죠.

취임 전년도인 1997년만 해도 휴대전화가 대중화되지 않아 삐삐로 연락을 받고 공중전화 옆에서 시티폰으로 통화하던 시절이었죠. 김대중 대통령이 미래를 구상하고 추진한 덕에 우리나라는 인터넷 강국이 됐습니다. 이제 언제 어디서든 스마트폰을 사용할 수 있습니다. 이미 정보고속도로가 실현된 지금이야 삐

한 말이라고 생각할 수 있겠지만, 1998년 기준으로는 미래를 내다본 혁신적인 취임사였던 겁니다.

저는 3대 개혁을 해내야 한다는 윤석열 대통령의 주장에 크게 반대하지 않습니다. 연금 개혁, 교육 개혁, 노동 개혁 무엇 하나 허투루 볼 수 없는 중요한 과제입니다. 다만, 구체적으로 어떻게 개혁을 실천할지는 다른 차원의 문제입니다. 개혁을 추진하는 과정에 여야 간의 충분한 논의와 정치적 합의가 동반돼야 하죠. 양당이 문제를 쟁점화해서 이견을 확인하고 합의해 나가는 과정을 통해 이들을 지지하는 60% 이상의 국민을 설득할 수 있기 때문입니다.

그런데 윤석열 대통령의 개혁에는 개혁안을 정치적 의제로 삼아 쟁점을 찾고 합의하는 과정이 빠져 있습니다. 윤석열 정부는 연금 개혁안으로 22가지 안을 내놨습니다. 시험 문제를 풀려고 하는데 22개 선택지에서 답을 고르라는 것과 다름없습니다. 온종일 연금 개혁 문제를 다루는 전문가들이야 가능할지 모르지만, 국민은 22가지 안을 일일이 살펴볼 겨를이 없습니다. 가지를 쳐내고 국민에게 명확한 안건을 제시하는 정치의 역할이 필요한데, 현재 윤석열 정부에서는 이 역할을 하고 있지 않습니다.

게다가 개혁안 각각의 내용은 천차만별입니다. "국민은 보험료를 더 내는 걸 싫어할 테니 조금 덜 받더라도 보험료율을 고정해야 한다."부터 "노인 자살률이 높으니 보험료율을 인상해야 한다."까지 각각의 안은 취지부터 미세한 결까지 전부 상이합니다. 그런 안을 22개나 늘어놓고서 국민적 합의를 도출해 낼 수 있겠습니까? 대통령과 집권 여당이라면 그중에서 어떤 안이든 결정하고 정치적 의제로 삼아 야당과 협상해 나가야 합니다. '합의안'을 만들어야 하죠. 물론 정부뿐 아니라 국회 역시 문제이기는 마찬가지입니다. 논의를 제대로 마치지 못하고 우물쭈물하다가 내년으로 슬쩍 미뤄 놨습니다. 정치가 어떤 일을 해야 하는지 정치인들도 잊은 모양새죠.

3 ▶ 정치 전반을 바꾸는 개혁이 필요하다

저출생은 어제오늘 문제가 아닙니다. 출생률은 지난 20여 년에 걸쳐 지속해서 떨어졌습니다. 눈앞에서 나라가 망해 가고 있는데 정부와 국회는 손쓰지 못했어요. 진보나 보수 어느 일방에 책임을 물을 수 없습니다. 저출생 예산으로 280조*를 썼다지만 어느 정부건 똑같이 별 관계없는 항목에 저출생 이름표만 달아 놨을 뿐 실질적인 대책이 없던 탓입니다. 예술창작 지원, 해양수산 신산업 육성, 국가식품산업 클러스터, 공공디자인 및 공예문화

---

* 조계완, "16년간 '저출생 대응' 280조가 헛돈? '과포장…8년 전부터 정체'", 〈한겨레〉, (2023. 10.10.), https://www.hani.co.kr/arti/economy/economy_general/1111560.html

진흥, 만화산업 육성, 인공지능 융합인재 양성, 도서관 디지털화 사업 등에도 '저출산 대비'라는 꼬리표를 붙여 저출산 예산을 배정해 놨습니다. 과연 이런 사업들을 저출산 예산 지출 대상이라고 봐도 괜찮을까요?

저출생을 극복하려면 왜 아이를 못 낳고 있는지에 대한 근원적 이해가 필요합니다. 예를 들어 부동산 중심으로 접근해 보죠. 아이가 가장 적게 태어나는 도시는 출생률이 0.59밖에 되지 않는 서울입니다. 대출이자 갚으랴, 원금 내랴, 뼈 빠지게 일해도 빠듯한 이 도시에서는 아이는커녕 집을 구하기도 버겁습니다. 그러므로 신혼부부를 대상으로 하는 주택공급정책을 생각해 볼 수 있을 겁니다. 또한 영유아 보육 대책과 관련한 예산을 증액할 수도 있겠죠.

우리와 비슷하게 저출생 문제를 겪었던 일본은 2015년 출생률을 1.45 수준으로 회복했습니다.* 육아휴직을 비롯한 저출생 대책에 기꺼이 예산을 대거 투입한 덕입니다. 이런 대대적인 시스템 변화를 위해서는 정치 개혁이 우선돼야 합니다. 정치가 현실의 문제를 정확하게 진단하고 실제로 해결하는 데 집중하는 구조로 바뀌지 않고서는 우리 사회의 핵심적 문제를 해결할 수 있는 권력을 가진 집단은 어디에도 없기 때문입니다.

---

* 정영효, "韓보다 출산율 높은 日…'인구 1억' 목표 접고 생산인력 유지 올인", 〈한국경제〉, (2023.11.10.), https://www.hankyung.com/article/2023020184481

어떤 문제가 시간이 지나도 해결되지 않으면 우리는 문제의 원인이 행위자에게 있는지, 아니면 행위자들을 둘러싼 구조에 있는지를 살펴보게 됩니다. 우리 정치가 실패한 원인이 과연 행위자인 국회의원들에게만 있을까요?

현재 우리나라 국회의원 중 초선 의원의 비율은 약 51% 정도 됩니다.* 임기마다 절반은 갈려 나가는 셈이죠. 더불어민주당 지지자는 국민의힘 의원 수준이 낮아서, 국민의힘 지지자는 더불어민주당 의원 수준이 낮아서 정치가 답보 중이라고 생각할 테지만, 낡고 오래된 사람들이 자리를 차지해서 정치가 실패하지는 않았다는 겁니다. 여야 가릴 것 없이 국회의원들은 국민의 선입견보다는 상당히 양호한 집단입니다.

21대 국회 국민의힘 남성 의원들의 병역 이행률은 85.7%로 대한민국 남성 평균 병역 이행률인 75.9%보다 높습니다.** 더불어민주당은 민주화운동으로 투옥된 경력이 있는 의원들이 있어 복무율 자체는 낮지만, 병역 기피자는 공천에서 원천 차단하죠. 편견과 달리 의원 개개인이 정치 퇴행의 원인은 아니라는 겁니다. 비상식적인 인물로 국회가 채워질 정도로 대한민국의 선거 제도가 호락호락하지는 않습니다.

---

* 고재만, 김명환, 이석희, "초선 의원 16년만에 절반 넘어", 〈매일경제〉, (2020.4.17.), https://www.mk.co.kr/news/politics/9301635

** 전재욱, "'군대 안 다녀온 국회의원 누구죠'[그래서 어쩌라고]", 〈한겨레〉, (2023.6.7.), https://www.edaily.co.kr/news/read?newsId=02443606635969424&mediaCodeNo=257

현재 정치 문제의 원인은 구조 즉, 정당 문화 자체입니다. 정치 개혁이라고 하면 국회의원 선출 방식을 바꿔야 한다는 주장이 먼저 나오지만, 저는 여기에 답이 있다고 보지 않습니다. 더 큰 틀에서 정치 문화를 바꿔야 합니다. 협치할 수 있는 환경을 만들어야겠죠. 이 문화는 단숨에 생기지 않습니다. 그래서 궁극적으로 개헌이 필요합니다. 개헌을 통해 현행 정치 문화를 묶고 있는 87년 체제를 흔들어야 합니다.

정치를 개혁하려면 선거제가 바뀌어야 하나요?

총선을 앞두고 선거제도에 관한 논의가 나오고 있고 실제 바뀔 가능성도 있습니다. 윤석열 대통령이 중대선거구제를 해야 한다며 운을 띄웠고, 양당제에서 다당제로 바뀌어야 한다는 목소리도 나옵니다. 여러 주장이 오가는 가운데 한 가지 분명한 점은 각각의 선거제도에는 일장일단이 있다는 겁니다.

선거제도는 선과 악의 이분법적 관점에서 보면 안 됩니다. 그런데 현행 선거제는 나쁜 선거제고 선거제 개편이 곧 정치 개혁이라고 보는 경향이 있는 듯합니다. 각각의 장단점을 신중하게 살피고 우리에게 가장 적합한 선거제도를 찾을 필요가 있습니다.

1 ▶ 다당제가 시대정신이라는 편견

유독 진보 진영에서 다당제로 나아가야 한다는 주장이 많이 나옵니다. 더불어민주당과 국민의힘의 진영 대결이 만든 정치 양극화를 완화해야 한다는 이유입니다. 나아가 사회가 다원화된 만큼 다양한 사회적 요구를 반영해야 한다는 이유도 있죠. 저 같은 더불어민주당 정치인에게는 상당히 뜨끔할 소리이기는 합니다. 현재 더불어민주당이 진보 진영의 다양한 목소리를 수렴하지 못하고 있다는 뜻이기 때문입니다.

한편, 표의 비례성을 확보하기 위해 다당제를 해야 한다는 이야기도 나옵니다. 현재 우리나라에서는 유권자의 3분의 1이 더불어민주당을 지지하고 다른 3분의 1이 국민의힘을 지지합니다. 나머지 3분의 1은 지지하는 정당이 없거나 무당층이라고 답하죠. 다당제 주창자들은 이 30% 유권자의 정치적 권리를 복원해야 한다고 이야기합니다. 양당제에서 발생하는 사표를 방지하자는 거죠.

선거구제가 논의되는 이유도 정당체제와 상당히 연관이 깊습니다. 선거구제가 정당체제에 영향을 미친다고 보기 때문입니다. 소선거구제는 양당체제를 강화하고, 중대선거구제는 다당제를 강화한다고 통상적으로 이해됩니다. 현재 우리나라도 소선거구제이기 때문에 양당체제가 유지되는 중이라는 주장이 받아들여지고 있죠. 중대선거구제로 선거구제를 개편하자는 말은 양당제에서 다당제로 정당체제를 전환하자는 말이기도 합니다.

그런데 실제 한국이 소선거구제를 채택하고 있어서 다당제가 불가능한 걸까요? 아니라고 생각합니다. 87년 이후 한국 정치사를 살펴보면 제3정당이 꾸준히 출현해 왔습니다. 88년에 치른 13대 총선에서는 민주정의당, 평화민주당, 통일민주당, 신민주공화당이 원내에 진입하며 4당 체제를 이뤘습니다. 1990년대에는 자민련이 의미 있는 제3정당으로 자리매김하고 있었죠. 자민련은 원내교섭단체를 구성할 정도로 성장하기도 했습니다.

2000년대에 들어서는 민주노동당, 통합진보당 등 진보 정당이 활발히 활동하기도 했고, 2016년 총선에서는 안철수의 국민의당이 호남을 기반으로 제3정당 자리를 차지하기도 했습니다. 즉, 제3정당이 활동할 수 있는 정치적 공간은 꾸준히 열려 있었습니다. 소선거구제인데도 제3정당은 꾸준히 원내에 진입했습니다. 한국은 양당제가 아니라 양당우위체제인 셈이죠. 소선거구제가 곧 양당제를 가져온다는 주장의 반례라 할 수 있습니다.

물론 다당제를 막고 있지는 않다고 해도 표의 비례성이 보장되지 않는다는 점이 소선거구제의 결정적인 결함이긴 합니다. 다만, 비례성 개념에 관해 면밀히 생각해 볼 필요가 있습니다. 과연 득표율만이 비례성을 따지는 유일한 잣대일까요? 선거제도에서는 고려해야 할 가치가 많습니다. 예를 들어 득표율에 따라서만 의석수를 분배한다면 지역 균형 등 다른 가치를 희생할 수밖에 없죠. 이런 이유로 다른 나라에서는 상원의원을 두는 등의 방식으로 제도를 보완합니다. 정치적 맥락과 제도, 의회 구성에 대한 충분한 고려 없이 전체 득표율만을 고려하는 것은 협소한 시각입니다.

현재 우리나라는 수도권에 인구가 밀집돼 있습니다. 득표율만 비례성의 잣대로 삼으면 수도권이 아닌 지역은 어떤 제도가 되건 갈수록 정치적 목소리를 잃을 수밖에 없습니다. 인구 유출이 가속할수록 이런 경향은 더 강화될 겁니다. 지금도 전라도에는 기초단체 대여섯 개를 합쳐야 한 지역구가 되는 지역이 있습니다. 득표율만 고려한다면 지역 정서를 충분히 반영할 수 없고 예산 배분에서도 문제가 생길 수밖에 없습니다.

어떤 선거제도든 표의 비례성을 완벽하게 보장하지 않습니다. 따져야 할 점은 '무엇의 비례인가'입니다. 이런 점에서 소선거구제만 비례성을 침해한다고 보는 주장은 타당하지 않습니다. 물론 의석 점유율과 득표율이 일치해야 한다는 문제의식 자체는 존중해야 합니다. 다만, 다당제가 비례성을 확보하기 위한 유일한 해답은 아니라는 뜻입니다. 되레 더불어민주당 차원에서는 표의 비례성을 높이기 위해 정당 내 스펙트럼을 넓히는 일이 우선이어야 하죠. 다양한 사회 구성원의 목소리를 수렴하기 위해 다양한 정파가 공존하는 환경을 만들어야 합니다.

2 ▶ 양당우위체제는 나쁘다?

소선거구제를 폐지하고 다당제로 넘어가야 한다는 말은 결국 양당우위체제에 대한 불만에서 비롯됐다고 할 수 있습니다. 하지만 양당우위체제가 나쁘다고만 볼 수는 없습니다. 오히려 순기능을 하기도 합니다. 현재 다당제 국가에서는 극우 정당이 활개 치고 있습니다. 이탈리아에서는 파시스트 정당이 득세하고 있죠. 이스라엘에서는 극우 정당이 연정에 참여하면서 연정 전체가 극우 포지션으로 쏠리고 있습니다. 독일처럼 양극단에 치우치지 않고 안정적으로 연정을 꾸려 가는 나라는 많지 않습니다.

우리나라 또한 선거제도를 개정해 비례성을 높여 다당제로 전환한다면 극우 정당이 출현할 가능성이 아주 큽니다. 전광훈 목사나 황교안 전 대표가 신당을 창당하고 5%의 득표율을 기록한다면 10명 안팎의 국회의원을 배출하게 됩니다. 국민의힘은 이들과 연정해야 하죠. 제도권 바깥으로 밀려나 있던 극단적인 정치 세력이 힘을 얻게 되는 겁니다. 정치는 더 극단화될 수밖에 없습니다.

현행 양당우위체제는 정당 내 자정 시스템이 갖춰져 있어서 후보자에 대한 최소한의 자질 검증이 가능합니다. 오랜 기간 당원들 및 지지자들과 호흡을 맞추고 여론을 반영해 온 덕입니다. 꼭 양당우위체제가 진영의 양극화를 부추긴다고 볼 수는 없어요. 오히려 타협할 수 없을 만큼 한국 정치가 극단으로 향할 가능성을 줄여준다고 할 수 있습니다. 다당제는 잘못 운영되면 전체 국민이 아니라 소수의 이익을 위한 체제가 될 수 있습니다. 국민 전체의 이익이라는 관점에서 볼 때 양당제가 더 우위라고 볼 면이 있다는 말입니다.

3 ▶ 중대선거구제와 비례대표제

과거 일본과 대만은 중대선거구제를 채택했으나 부패 문제가 심각해져 각각 1993년과 2008년에 소선거구제로 돌아갔습니다. 선거비용이 많이 들고 신인에게 불리한 중대선거구제의 구조적 결함이 발생한 탓입니다. 경기 고양갑 지역구에서 출마를 준비하고 있는 저 역시 현재 지역구를 돌아다니고 현안을 살피는 일만으로도 충분히 시간이 빠듯합니다. 여기서 고양을, 고양병, 고양정 지역까지 포괄하는 중대선거구제가 시행된다면 몸이 열 개라도 남아 나지 않을 듯합니다.

결국 중대선거구제에서는 기성 정치인이나 중앙정치에서 이름을 알린 사람이 상당히 유리해집니다. 지역구 주민들과 호흡을 맞추기도 어려워지고, 지역 관리에 돈도 많이 들어갑니다. 그래서 부정부패가 생길 확률이 높습니다. 한번 자리 잡으면 웬만해서는 떨어지지 않으니 토호와 결탁하는 문제도 생길 겁니다.

영국과 미국은 비례대표제 없이 소선거구제만으로 선거제를 운영하고 있습니다. 하지만 그들의 민주주의 수준이 타 국가보다 떨어진다는 명확한 근거는 없습니다. 저 역시 지역구로만 치르는 선거도 나름대로 강점이 있다고 봅니다. 지역구 선거에서는 중앙에서의 유명세만으로는 한계가 있고 결국 지역 민심을 얻어야 하죠. 그렇게 주민들과 접촉하는 과정에서 정치인으로서 한 단계 성장할 수 있다고 생각합니다.

특히 한국에서는 비례대표제의 운영 방식에 관해 좀 더 깊은 성찰이 필요해 보입니다. 여전히 각 정당에서는 책사 몇몇이 주변으로부터 알음알음 소개받아서 공천하는 방식으로 비례대표 후보를 뽑습니다. 그러다 보니 곡진한 개인사가 있는 특이한 인물이나 전문가 위주로 비례대표 자리가 채워지는 경향이 있습니다. 혹은 매스컴을 많이 탔는지 아닌지가 중요하게 작용합니다. '정치를 잘하는 사람'을 뽑아야 하지만, 이와는 거리가 멉니다.

소선거구제라고 해서 무조건 양당제가 고착화되지는 않습니다. 오히려 정치적 역동성이 살아 있는 사례를 더 흔하게 찾아볼 수 있어요. 소선거구제인 영국은 1920년대까지 자유당과 보수당이 번갈아 집권하는 양당제였지만, 노동당이 자유당을 밀어내고 노동당-보수당의 새로운 양당체제가 구축됐습니다. 프랑스에서도 2017년 마크롱의 앙 마르슈가 신생 정당이라는 한계를 극복하고 과반 의석을 차지한 바 있죠. 유권자의 목소리를 들으려는 태도를 갖추고 새로운 어젠다를 세팅할 수만 있다면 소선거구제하에서도 정치 혁명이 가능하다는 방증입니다. 이와 반대로, 기성정당도 국민적 신뢰를 잃고 역량을 구축하지 못하면 소선거제를 유지해도 일거에 소거될 수 있습니다.

4 ▶ 개정 길도 한 걸음부터

지난 총선을 앞두고 국민의힘을 제외한 원내 정당들은 준연동형 비례대표제* 도입에 대해 극적으로 합의를 이뤄냈습니다. 패스트트랙까지 동원해 해당 법안을 통과시켰지만, 결과적으로 실패한 선거제도가 됐습니다. 주요 플레이어인 국민의힘을 배제한 선거법 개정이었던 탓입니다. 국민의힘에는 선거법을 따르지 않아도 될 명분이 생겼고, 그 결과 위성정당이 탄생했습니다. 윤리적으로 국민의힘에 우위를 점하지 못했기 때문에 더불어민주당의 비판도 힘을 받지 못했습니다. 결국 더불어민주당도 위성정

---

* 비례대표 의석을 지역구 선거 결과와 50% 연동해서 배분하는 선거제로, 의석 할당 정당 총의석수에 정당별 득표 비율을 곱한 뒤 지역구 당선자 수를 뺀 값을 2로 나눠 비례대표 의석수를 구한다. 지난 총선에서는 비례대표 47석 중 30석에 한해 준연동형 비례대표제를 도입했다. (출처: 중앙선거관리위원회)

당을 만들었습니다.

명목상으로라도 일단 합의를 거친 법안은 그저 머릿수로 밀어붙여 통과시킨 법안과 윤리적인 구속력이 다릅니다. 후자의 경우 반대한 당에 법안을 따르지 않을 명분이 생기기 때문에 편법을 사용한다면 별다른 해법이 없습니다. 반면, 전자의 경우 합의 내용을 따르지 않는 당은 정치적으로 부담을 지게 됩니다. 그래서 특히나 선거법 개정은 여야의 합의가 필수적입니다.

우리나라는 과거 중대선거구제를 시행하다가 87년 체제에 들어서 대통령 5년 단임제와 소선거구제를 채택했습니다. 두 선거제도는 군부독재에 저항해 민주화를 이뤄 낸 1987년에 우리 사회가 내린 합리적 판단의 소산입니다. 물론 현재 선거구제는 법률 개정만으로 바꿀 수는 있습니다만, 일반 법률 개정과는 차원이 다른 문제입니다. 국민의 정치 참여에 직접 영향을 미치는 일이며 정치적 파장 또한 큽니다. 개헌 사항은 아니지만, 국민이 체감하기에는 그에 준하는 변화라고 할 수 있죠.

따라서 선거법을 개정하려면 국민적으로나 정당 간에나 서로의 기대 수준에 상응하는 심도 있는 논의가 필요합니다. 하지만 지금껏 이어진 선거제 개편 논의는 그러지 못했습니다. 윤석열 대통령이 제안한 중대선거구제는 국민의힘 내부에서조차 확신이 없어 동력을 얻지 못하고 지지부진하다가 사장됐죠.

특정 선거구제가 우월하다는 식의 주장은 오히려 논의를 해칩니다. 선거구제를 개편하기 위해서는 처한 조건 아래서 나름대로 여러 요인을 고려하며 섬세하게 다가가야 합니다. 단지 '유럽이 하니까'나 '미국이 하니까'라는 식으로는 안 됩니다. 한국 정세를 살펴야 하죠. 더불어민주당은 국민의 관점과 더불어민주당의 관점을 함께 고려해서 판단해야 할 겁니다. 더불어민주당 내에서 다양성을 확보하려는 개혁, 국민적 합의에 기인한 선거제 개편을 끌어내는 운용의 묘가 필요합니다.

3장

정치관계법이 기득권을 지켜준다고요?

대통령 선거, 국회의원 선거, 그리고 지방선거까지. 30여 년의 세월 동안 정치권에 몸담으면서 치를 수 있는 선거는 모두 치러 봤습니다. 다가오는 22대 총선에서는 후보로 출마하려 합니다. 직접 후보로 도전하려니 깨기 어려운 벽이 있다는 사실을 절감합니다. 여의도의 보좌관으로 선거에 임했을 때는 지역 조직 등이 전부 준비된 상태여서 몸만 내려갔는데, 이제는 지역에 뿌리내리기 위해 명함 돌리는 일 하나까지 선관위 제약과 씨름하고 있습니다. 선거 전반에 걸친 변화의 필요성을 절실히 느낍니다. 이번 장에서는 정치 신인을 유입하고 실질적인 정치 개혁을 해내기 위해 무엇을 해야 하는지 이야기해 보려 합니다.

1 ▶ 사다리 걷어차기[*]

먼저 무엇이 기득권인지부터 다시 정의할 필요가 있습니다. 저는 국민의 지지를 바탕으로 경쟁에서 승리한 기존 정치인들을 기득권이라고 싸잡아 매도하고 싶지 않습니다. 현재 원내 입성한 의원들 역시 언젠가는 신인이었고 우여곡절을 거쳐 지금의 자리에 올랐다고 생각합니다. 수 켤레의 신발이 닳도록 산 넘고 물 건너 지역을 돌아다니는 노력 끝에 당선된 분들도 계십니다. 존중하지 않을 수 없죠.

기득권의 핵심은 고착된 질서 자체입니다. 우리나라 정치권은 도전할 때는 절실했더라도 막상 현역 의원이 되고 나면 사다리를 걷어차게 되는 구조입니다. 현역 의원은 지역위원회를 운영할 수 있고 후원금도 받을 수 있습니다. 반면, 도전자들은 후원금을 걷지 못할뿐더러 짧은 선거운동 기간 외에는 선거운동을 할 수도 없습니다. 정치관계법이 정치 신인의 손발을 묶어 놓고 기득권을 지켜주고 있는 겁니다.

가산점을 주겠다거나 청년과 여성을 절반 이상 뽑겠다는 자구책은 말 잔치에 불과하다고 생각합니다. 정치관계법을 근본적

---

* 장하준 케임브리지대학교 교수의 저서 《사다리 걷어차기》(2020)에 제시된 개념에 빗대어 표현했다. 보호무역으로 성장한 선진국이 자유무역을 강제해 개발도상국의 발전을 저해한다는 뜻으로, 이 책에서는 기성 정치인이 신인 정치인의 성장을 막는다는 의미로 사용한다.

으로 바꿔야 합니다. 1차적으로는 선거운동을 제약하는 각종 규정을 완화해 공정하게 경쟁할 기회를 줘야 합니다. 물론 공정하게 경쟁한다고 해도 장애인, 여성, 청년 등 소수자에게는 여전히 불리할 수 있으므로 2차적으로는 할당제 등과 같은 어드벤티지를 고려할 수 있을 겁니다. 하지만 공정한 경쟁이라는 기본 룰조차 보장되지 않는 상황에서 경선 가산점만으로 격차를 보정하려는 것은 본질을 가리는 일입니다.

양당제가 다당제로 바뀌거나 소선거구제가 중대선거구제로 바뀐다고 해서 기득권이 깨지지는 않는다고 봅니다. 더불어민주당과 국민의힘이 쪼개져 4당 체제가 된다고 한들 신인들에게 그 기회가 고스란히 돌아가는 것은 아니죠. 되레 정치 양극화가 심화하면서 진영논리에 근거해 기득권을 강화하는 일이 벌어질 수도 있습니다. 정치 개혁은 진입로를 넓히는 데 있습니다. 도전하는 사람에게 기회를 어떻게 보장해 줄지가 중요하다고 생각합니다. 누구나 공평하게 경기장에서 온전히 뛸 수 있도록 정치관계법을 바꾸는 것이 공천 혁신의 우선순위입니다.

2 ▶ 현장에서 마주하는 난관들

지역 주민을 편하게 만나기가 참 어렵습니다. 선거운동 기간이 아닐 때 동네 사람들 모인 곳에 가서 "선거에 출마하려는 김성회입니다."라고 말하면 선거법 위반입니다. 일단 모임을 방문하려면 누군가의 소개를 통해야만 합니다. 이때도 "열심히 하겠습니다.", "고양에서 새로운 도전을 하려 합니다."라고 말하는 것까지만 허용됩니다. "내년 선거에 출마하려 하니 저를 찍어 주세요."라고 인사드리면 안 됩니다. 적극적으로 주민들께 인사도 드리고 말씀을 듣기는커녕 과하게 제약을 걸어 둔 선거법 규정을 준수하느라 토씨 하나에까지 신경 써야 하는 상황이죠.

그런데 국회의원은 행정동 별로 돌아다니며 주민을 대상으로 의정보고회를 열 수 있습니다. 의정활동이 소상히 담긴 의정보고서도 배포할 수 있죠. 반면, 정치 신인은 출마예정자 신분으로 명함만 돌릴 수 있을 뿐 다른 홍보자료는 건넬 수 없습니다. 그것도 선거 180일 전부터야 가능합니다. A4 용지 하나 쉽게 건넬 수 없고, 명함 역시 규격을 준수해야 합니다. 더 우스운 점은 온라인에서는 지지를 호소할 수 있다는 겁니다. 23만 구독자 앞에서는 찍어 달라고 이야기할 수 있지만, 주민 10명이 모인 곳에서는 비슷한 말조차 꺼낼 수 없습니다.

저는 경기 고양갑에 도전장을 내밀었지만, 제 지역구에 더불어민주당원이 몇 명이 있는지조차 알 수 없습니다. 당원 명부는 오직 지역위원장만 관리할 수 있기 때문입니다. 모수를 모르니 몇 분께 인사를 드려야 하는지 예상하기 어렵고 그동안의 성과도 가늠하기 힘듭니다. 그렇다고 직접 거리에 나서서 당원을 가입시킬 수도 없습니다. 이 또한 선거법으로 금지된 행위거든요. 당원 모집은 오직 지역위원회와 시도당에서만 할 수 있습니다. 결국 지역 유지거나 네트워크가 있는 사람이 아니면 사람 모을 꿈조차 꾸지 못합니다.

현재 정치권의 공천 혁신 논의는 문제의 맥을 제대로 짚지 못하고 있습니다. 청년과 여성, 그리고 정치 신인에게 가산점을 주겠다는 이야기가 주로 나옵니다. 경선에서 투표권을 행사하는 당원층이 누구인지도 모르는데 가산점 20%를 얻어 봐야 무슨 소용이 있겠습니까? 선거에서는 결국 유권자를 만나야 하는데 정치 신인은 선거법에 두 손 두 발이 묶여 여의찮은 상황입니다. 그러니 후보들이 하릴없이 광장에 나가 피켓 들고 서 있는 수밖에요.

100m 자유형 수영 대회에 비유하자면, 국회의원은 4년 동안 매일 경기장에서 훈련하면서 도전자들은 대회 90일 전까지 물에 발도 못 담그게 제한하는 셈입니다. 그러고는 도전자에게 불리하니 20m 앞에서 출발하라고 선심을 쓰는 거죠. 어드밴티지를 준다고 한들 신인에게 불리하다는 사실은 명백합니다.

단지 선거운동 하기가 어렵다는 이야기가 아닙니다. 정치가 더 생산적일 수 있는 방법이 있는데 이를 외면하고 있다는 거예요. 당원들이 정치인들에게 가장 바라는 점은 당원들과 지지자들의 이야기를 충분히 들어 달라는 겁니다. 만약 선거에 참여하는 도전자가 지역 당원들의 연락처를 알 수 있다면 달가운 마음으로 소통할 겁니다. 그런데 지금은 경쟁 없이 지역위원장이나 현역 의원만 당원의 목소리를 들을 수 있는 구조다 보니 현역의원이 당원의 의견을 듣는 데 소홀해질 때도 많습니다. 정치관계법이 정치 발전을 가로막고 있는 셈이죠.

3 ▶ 기득권 구조 깨뜨리기

현행 정치관계법은 나열한 내용만 허락하고 이외의 행위를 일절 금지하는 포지티브 규제입니다. 발언 하나부터 명함 크기까지 모두 선관위의 허락을 받아야 합니다. 정치 개혁을 위해서는 포지티브 규제를 네거티브 규제로 바꿀 필요가 있습니다. 금지하는 내용을 명문화하고 이외의 선거운동 행위는 허용해 줘야 합니다. 근거 없이 상대방을 비난하거나 불법 자금을 수수하는 등의 부정한 행위에 대해서는 엄정히 처벌하되, 후보자들에게 유권자와 접촉할 수 있는 길을 충분히 열어 줘야 하죠.

구체적으로는 누구든 자유롭게 당원을 모집할 수 있게 해야 합니다. 미국에서는 출마를 선언한 후보가 유권자 명부를 요청하면 선관위(County Clerk, 미국의 행정구역마다 있는 서기 사무실)에서

명단을 제공해 줍니다. 대신 유출했을 때 처벌을 감수하겠다는 각서를 쓰죠. 우리나라도 그래야 한다고 생각합니다. 악용이 우려된다면 당원 명부를 부정하게 사용하지 않도록 철저하게 관리하고 엄격하게 처벌하면 됩니다. 당장 선거법을 개정할 수는 없다고 해도 정당 차원에서 지역구 출마 예정인 사람이 일정 요건을 갖췄다면 당원들과 전화할 기회 정도는 줬으면 합니다.

또한 사전선거운동을 제한하는 규정이 폐지돼야 합니다. 기초적인 룰은 있어야겠지만, 최소한 "이 동네에서 정치하고 싶은 김성회입니다."라고 말하는 것만으로 처벌되는 일은 없게 해야 합니다. 걸핏하면 선관위 제재 대상이 되는 현행 선거제도는 바뀌어야 합니다. 그 일환으로 호별 방문도 허가해야 합니다. 전화도, 호별 방문도 정치인이 당원과 유권자의 이야기를 청취하는 창구를 마련하는 일이기 때문입니다. 정치관계법이 국민의 의사를 대의하는 대표자로서 정치인이 기능할 수 있도록 해야지 주객이 전도돼서는 안 될 일입니다.

내년 총선까지 얼마 남지 않았지만, 지금부터라도 정치관계법 개정의 큰 그림을 그려야 합니다. 그래야 더불어민주당이 정치 개혁을 주도하는 정당이 될 수 있습니다. 정치 개혁을 해내려면 후보 사이의 무한 경쟁이 보장돼야 합니다. 이 과정에서 단련을 거치며 성숙해진 인물이 국회에 진입하면 자연스럽게 정치 개혁이 되리라 기대합니다.

4장

개헌합시다, 87체제

　　　　　　　　　　정치 개혁의 가장 큰 과제는 개헌일 수밖에 없습니다. 헌법은 나라의 기본 규칙입니다. 좁은 의미의 정치제도뿐 아니라 넓은 의미에서 정치 전반을 포괄합니다. 국가의 방향성과 사회의 원칙 등 기본 가치를 다루고 있죠.

　그런데 우리나라는 1987년 9차 개헌 이후 한 자도 헌법을 고치지 못했습니다. 엄격한 개정 절차를 요구하는 경성헌법이기 때문입니다. 개헌은 쉽지 않습니다.

　기존 방식대로 개헌을 논의한다면 이전처럼 좌초할 공산이 큽니다. 그래서 개헌은 전략적이어야 합니다. 그렇다면 구체적으로 어떻게 개헌해야 할까요?

1 ▶ 개헌이 꼭 필요한가요?

1987년에는 미처 알지 못했거나 이제야 중요한 현안으로 떠오른 문제가 너무 많아졌습니다. 국민 기본권, 국민 참여, 지방분권, 기후 변화 등 시대 변화에 따라 수정되고 추가돼야 하는 가치가 부쩍 늘었습니다. 하지만 헌법은 시대 변화를 반영하지 못한 채 여전히 87년 체제의 모습 그대로입니다.

연금 개혁, 노동 개혁, 교육 개혁을 포함한 개혁 과제 대부분은 개헌 사항입니다. 법안 한두 개 개정하고 입안한다고 바뀌지 않는 내용이죠. 그러다 보니 개혁의 기치를 내걸어도 실제 개혁을 해내기는 쉽지 않습니다. 제왕적 대통령제라고 꾸준히 비난받는 5년 단임제 역시 개헌 사항이기 때문에 개선할 도리가 없는 실정이죠. 기후 위기와 디지털화 때문에 사회 변화는 더 가속화하고 있습니다. 결국에는 개혁을 위해 개헌이 필요합니다.

2 ▶ 개헌이 안 되는 이유

선거철만 되면 개헌을 공약합니다. 그런데 몇십 년째 아무도 개헌을 해내지 못했어요. 노무현 대통령도 총선과 대선 일자를 맞춰 보고자 본인 임기를 줄여서라도 원포인트 개헌을 하려 했지만 실패했습니다. 개헌이 어려운 이유는 우리나라 헌법이 경성헌법이기 때문입니다. 우리나라에서 개헌을 하려면 국회 재적의원 3분의 2 이상의 동의를 받아야 합니다. 대통령 탄핵에 버금가는 요건인데 웬만해서는 합의가 어렵습니다.

개헌에 담아야 하는 내용이 너무 많다는 점 역시 개헌이 어려운 이유입니다. 실제 개헌 여론이 조성되면 수많은 개헌 과제가 쏟아져 나오곤 합니다. 환경단체는 환경권을, 동물보호단체는 동물권을, 장애인단체는 장애인권을, 경제단체는 경제민주화 조항을 넣거나 보강하려 합니다. 나아가서 기본소득을 헌법 조문으로 명문화해야 한다든가, 심지어 뉴라이트 이념을 기재해야 한다는 이야기도 나옵니다.

각각의 집단 또는 단체에는 명운이 걸린 문제이기에 타협할 수 없습니다. 더구나 경성헌법이라 개헌이 어려우니 이번 기회를 놓치면 이제껏 그랬듯 30년은 족히 기다려야 한다는 압박도 있습니다.

그러니 모두 필사의 노력으로 저마다의 헌법 개정안을 관철하려 합니다. 쟁점도 많아집니다. 더불어민주당 개헌특위에서 다루는 개헌 과제만 해도 200가지가 넘습니다. 합의를 도출하기는 더욱 어려워지고 개헌 가능성은 0%로 수렴합니다.

3 ▶ 개헌절차법을 제정하자

정치인들은 나름 소신껏 개헌 방향을 제시합니다. 4년 중임제로 바꿔야 한다거나 이원집정부제를 하겠다는 등 말이죠. 하지만 각각의 개헌안에는 일장일단이 있고 서로 물고 물리기 때문에 실현 가능성이 무척 작습니다. 만일 더불어민주당과 국민의힘이 지지층의 여론을 충분히 대변해서 정치적으로 쟁점화한대도, 양당을 지지하지 않는 30%의 국민 여론은 어떻게 반영하느냐라는 문제에 직면할 수 있습니다.

그러므로 논의의 프레임을 개헌안이 아니라 개헌의 실현으로 전환해야 합니다. 30년 동안 꿈쩍도 하지 않은 엉덩이 무거운 경성헌법을 연성헌법으로 바꾸는 데까지만 합의하자는 거죠. 헌법 개정 요건을 완화해 연성헌법이 되면 각각의 쟁점에 대해 합의에 이르는 대로 조금씩 개정해 나갈 수 있습니다. 수백 가지의 과제를 한꺼번에 처리해야 하는 중압감으로부터 비교적 자유롭게 개헌 문제를 다룰 수 있게 됩니다.

저는 개헌절차법 제정을 제안합니다. 물론 개헌절차법을 제정하려면 헌법상 근거 조항이 필요하므로 이 역시 개헌이 필요합니다. 대신 원포인트 개헌만으로 논의의 물꼬를 틀 수 있다는 장점이 있습니다. 다가올 미래에 대비해 시간과 여유를 갖고 다양한 안건을 숙고할 수 있게 되는 겁니다. 2017년 신고리 5·6호기 건설과 탈원전정책을 두고 실시한 숙의형 여론조사 같은 숙의민주주의를 시도해 볼 수 있다고 생각합니다.

당시 문재인 정부에서는 시민참여단에 현안과 관련한 충분한 정보를 제공한 뒤 상호 토론을 진행하고 2회의 여론조사에 걸쳐 여론을 청취했죠.* 국민의 의사가 충분히 반영된 여론조사 결과를 얻을 수 있었습니다. 개헌절차법을 제정하면 매 국회에서 4년에 한 번씩 총선을 앞두고 개헌하는 방안을 고려해 볼 수 있습니다.

더디지만 진척이 있으리라 생각합니다. 우선 진영이 갈리지 않을 만한 범국민적인 주제에 대해서 먼저 합의할 수 있겠죠. 또한 환경 문제 등 눈앞에 닥친 위기에 대해서도 국민적 합의를 이룰 수 있다고 봅니다.

국회가 생산적으로 일하는 모습을 국민께 보여 드릴 수 있습니다. 숙의를 통한 개헌이 국회의 업적이 되고 이를 위해 정당이 국민의 의견을 모으는 행위가 정치의 역할로 자리 잡으면 그 자체만으로도 의미가 있을 겁니다. 그렇게 된다면 지금처럼 각 진영이 서로 대립하기만 하는 정치 문화를 개선할 수 있을 거로 기대합니다.

국회에 들어가게 된다면 이런 이야기를 할 수 있는 사람들을

---

* 김춘석, "신고리 5·6호기 공론화조사 '누가, 어떻게 참여하였나'", 〈한국원자력신문〉, (2018.2.26.), https://www.knpnews.com/news/articleView.html?idxno=14543

모아서 법과 정치를 바꿔 보고 싶습니다. 토론하는 정치, 합의하는 정당이 돼 보자고 제안하고 싶습니다.

정치 크리에이터 김성회의
옳은 소리 옳은 정치
유튜브 시대의 정치와
윤석열 정부 대해부

김성회 지음

ⓒ 김성회, 2023

초판 1쇄 2023년 12월 11일 인쇄
초판 1쇄 2023년 12월 15일 발행

ISBN 979-11-5706-323-9 (03340)

만든사람들

기획편집	배소라
책임편집	이형진
디자인	올디자인
홍보 마케팅	최재희 신재철 김예리
인쇄	아트인

펴낸이	김현종
펴낸곳	(주)메디치미디어
경영지원	이도형 이민주 김도원
등록일	2008년 8월 20일 제300-2008-76호
주소	서울시 중구 중림로7길 4, 3층
전화	02-735-3308
팩스	02-735-3309
이메일	editor@medicimedia.co.kr
페이스북	facebook.com/medicimedia
인스타그램	@medicimedia
홈페이지	www.medicimedia.co.kr

이 책에 실린 글과 이미지의 무단전재·복제를 금합니다.
이 책 내용의 전부 또는 일부를 재사용하려면 반드시
출판사의 동의를 받아야 합니다.
파본은 구입처에서 교환해드립니다.